筚路蓝缕

——打开红色闽东北的记忆之门

杨光伟 著

海峡出版发行集团 | 海峡文艺出版社

图书在版编目(CIP)数据

筚路蓝缕:打开红色闽东北的记忆之门/ 杨光伟著.—福州:海峡文艺出版社,2024.9
ISBN 978-7-5550-3847-4

Ⅰ.K295.7

中国国家版本馆 CIP 数据核字第 2024N1Z892 号

筚路蓝缕——打开红色闽东北的记忆之门

杨光伟 著
出 版 人 林 滨
责任编辑 林鼎华
编辑助理 杨 鑫
出版发行 海峡文艺出版社
经　　销 福建新华发行(集团)有限责任公司
社　　址 福州市东水路 76 号 14 层　　**邮编** 350001
发 行 部 0591—87536797
印　　刷 福州力人彩印有限公司
厂　　址 福州市晋安区新店镇健康村西庄 580 号 9 栋
开　　本 720 毫米×1020 毫米 1/16
字　　数 146 千字
印　　张 11.25
版　　次 2024 年 9 月第 1 版
印　　次 2024 年 9 月第 1 次印刷
书　　号 ISBN 978-7-5550-3847-4
定　　价 35.00 元

序　一

陆开锦

在气温骤降的初冬时节，我读完了这本由杨光伟同志撰写的关于闽东北红军的革命故事，思绪万千，心中似有一股热血在沸腾。

屏南、古田、建瓯三县交界的仙山牧场，曾是土地革命战争时期中共闽东北特委、闽东北军分区机关驻地。中央红军长征后，以此地为核心的闽东北地区，保存了闽北红军三分之一的实力。他们在此进行了艰苦卓绝的三年游击战争。西安事变后，国共第二次合作，闽北红军游击队改编为新四军三支队五团，闽东红军游击队改编为新四军三支队六团，北上抗日。“皖南事变”中，五团为保卫军部成为“绝命后卫团”，其中一营坚守长龙山主峰东流山，几乎全部战死。闽北红军的主要领导人黄道、黄立贵、吴先喜、王助等人，也在革命斗争中相继牺牲。加之受福建地下党一些冤案的影响，闽东北这一段历史一直未能得到很好的梳理。改革开放后，党史部门才开始比较系统地加以收集、整理和研究。但由于革命幸存者少、史料少，加之年代久远，闽东北又分属南平、宁德两地管理，关于闽东北地区的党史、革命史研究仍存在明显的缺失。

前些年，因感怀习近平同志 1989 年带领宁德地委一帮人在偏远的仙山牧场举办读书班的学习精神，我随时任省政协主席崔玉英等，专程造访了仙山牧场。就在习近平同志当年住过的那座房子前面几米远，耸立着一块孤零零的“中共闽东北特委、闽东北军分区驻地”纪念碑。

纪念碑上短短的几行文字，给我们提供的信息极其有限。闽东北地区的游击战争范围有多大？这块游击区的起源在哪里？游击区的革命战争有什么特点？哪些革命人物在这里战斗过？这里发生过什么重要历史事件……所有这些情况，连随行的当地领导，也都所知甚少。后来，闽浙赣边区革命史研究会的萧新建同志几个人，要去仙山做实地调查，还让我给时任屏南县书记的党帅同志打了电话，希望县党史部门能予以协助支持。

本书作者杨光伟同志曾长期从事军队新闻宣传工作。2010 年转业地方工作，近年来潜心研究闽浙赣边区党史，为此他自费购买了几万元的书籍资料，还八次深入仙山地区采访调研。本书将闽北、闽东两块游击区之间的闽东北地区进行独立研究，某种程度上填补了这一地区党史研究上的某些空白。作者以大量翔实的历史资料做支撑，以仙山牧场的大坂红军交通站为基本线索，将那些记忆的碎片拾掇起来，用真实的笔触，把读者带入那个烽火连天的年代。

由于受闽北苏区与中央苏区打通连片的影响，闽东北地区的农民运动十分活跃。彭德怀、滕代远率领的东方军两次入闽作战，寻淮洲、乐少华、粟裕率领的红军北上抗日先遣队转战福建时，都有过开辟闽东北苏区的计划。虽失之交臂，但对这一地区的革命活动产生了深远影响。三年游击战争时期，闽北红军独立师三路打出外线，开辟游击新区。第一路为师政治部主任兼第二团政委王助、团长饶守坤率领的两个红军团，于 1935 年 10 月开到闽东北地区，依托鹫峰山脉开展游击战争。红二团驻扎在鹫峰山脉南段，以屏古瓯三县交界的仙山为核心建立根据地，生存了两年多时间。闽北红军独立师师长黄立贵与闽北军分区政治部主任曾镜冰，根据中央在长征路上的电报指示，也两次深入闽东北寻找叶飞领导的红军游击队。1936 年春，闽北、闽东红军领导人黄道、叶飞等人，终于在政和县洞宫山会谈，决定共同成立中共闽赣省委，开展两块游击区的战略联合。

游击区的环境，是在“敌人的家里”开展武装斗争。红军在这里生存与战斗，只有在地方党组织配合下，依靠人民群众才能完成，因此，红军时时处处把人民群众当作“永远的根据地”，全心全意为人民群众谋利益。地方党组织和党员在白色恐怖下，身份都不能公开，处于秘密的状态，他们千方百计架通红军与人民群众的桥梁，领导人民群众为红军作战提供情报、物资、弹药、伤员救治等方面的支持。本书以大坂厂红军交通站“萧老虎”一家人的故事为线索，描写战斗在游击区里的地下党组织和党员，在白色恐怖的游击区环境中，历尽千辛万苦，支持红军游击队的感人事迹。“萧老虎”一家五口人，最后全部为革命而牺牲。

作者在浩瀚的文献史料里，有许多重要的新发现。例如，在闽东北地区，据说罗炳辉一支部队曾在这一带活动，作者从海量的史料中找到依据，还原出这支队伍的来龙去脉，以及他们在闽东北活动的轨迹；闽东北地区的党组织处于绝对秘密状态，作者大海捞针般发现了仙山地区地下党组织借助“王子会”旗号，开展革命活动的线索；作者将一些幸存者对同一历史事件的回忆资料反复对比，并与其他史料相印证，还原出一批鲜活的“仙山英魂”形象。特别值得一提的是，当时闽东北地区除了国民党反动势力，同时还有土匪、民团、大刀会等势力，社会情况极其复杂，他们同样对红军游击队构成困扰和威胁。本书用较大篇幅描写红军游击队开展对土匪、大刀会武装的统战与改造工作，比如洞宫山的陈家辙武装、盘踞政和县的“顺天救民军”林熙明武装以及传说中古田著名的“三光”中的卢成光、张春光（另一个是钱玉光）等人，都从人民的对立面转变为红军的联合力量。这些内容，在其他党史资料中比较少见，在书中都得到披露……

本书给我最大的感受是，革命实在是太艰难曲折了，胜利是无数的鲜血和生命换来的。这部描写党在闽东北地区领导、开展游击战争的专著，讴歌了一批埋藏在共和国大厦根基里的无名英雄。正是无数像这样的革命者的奉献牺牲，才换来一个崭新的中国。在新时代新征程上，我们要永远牢记、学习和弘扬革命前辈的精神，为中华民族的伟大复兴努力工作，贡献力量。

一点学习体会，应光伟同志之邀，权且为序。

（陆开锦，福建省文联主席）

序　二

萧新建

本书聚焦于“中共闽东北特委、闽东北军分区驻地”仙山牧场，以红军秘密交通站“萧老虎”一家人的故事为基本线索，全面展现土地革命战争和三年游击战争时期，中国共产党领导的闽东北人民艰苦卓绝、英勇斗争的光辉革命历程。全书内容丰富，叙事生动感人，人物形象鲜明，是一部把纷繁复杂的闽东北革命历史娓娓道来，可读性很强的纪实作品。

“萧老虎”一家人与我同宗同祖，都是古田县凤都镇半山村人。他们夫妻遭国民党反动派杀害时，敌人追踪到我们老家半山村，烧毁其房屋，还要对其后代斩草除根。是我的奶奶雷凑使（革命老妈妈，被誉为“古田江姐”）将他们四个年幼的孩子，藏在我家阁楼里，躲过了劫难。

鸦片战争以后，国运沉沦，中华民族和中国人民饱受任人宰割的百年屈辱历史。在山河破碎的黑暗年代，革命先辈们目睹人民遭受帝国主义铁蹄蹂躏，身受着封建地主阶级敲骨吸髓般的奴役与压榨，在匪祸兵患横行的混乱岁月里饱受痛苦，认识到只有起来闹革命，建立起一种崭新的社会制度，民族才有出路，人民才能出头。

要革命就会有牺牲。无数革命先辈为了缔造一个新中国，不惜抛头颅、洒热血，前赴后继，英勇献出自己的生命。其中的很多人牺牲了，却因为战争年代的残酷性，事迹不为人所知，成为无名英雄！

方志敏所领导的闽浙赣边区历史，就是一部为缔造一个可爱的中国而做出巨大牺牲的历史。福建作为闽浙赣边区革命的重要组成部分，闽北红军的牺牲十分巨大、十分惨烈，以至于闽北红军的历史至今未完成书写。本书讲述的闽东北地区，不同于苏区环境，一直是游击区，红军只在局部时间、局部地区短暂执政。在白色恐怖下，党组织和党员的身份都不能公开，处于绝对秘密的状态。战争年代的巨大牺牲，使红色闽东北的历史更加完整不起来。

本书作者四年如一日，将土地革命战争时期的闽东北作为一块独立区域进行研究，通过深入挖掘与整理翔实的历史资料，打开红色闽东北的记忆之门。本书政治立场正确，历史脉络清晰，讲述了东方军入闽作战、红军先遣队北上抗日等历史事件对闽东北地区产生的影响，以及闽北、闽东红军胜利会师，新四军五团、六团整编等发生在闽东北的重大历史事件。重点描写三年游击战争中，闽北红军为了粉碎国民党十万军队疯狂的“围剿”，奉命打出外线，来闽东北开辟游击新区、保存有生力量的战斗经历。讴歌了红军战士胸怀革命理想，不惜流血牺牲，英勇战斗的事迹，并还原出一个地下党所领导的无名英雄的群体。这个群体中的党组织和党员，为保障红军生存所必需的粮食、弹药、物资、情报，保证红军伤病员和秘密交通线上人员的往来安全，冒着时时被敌人抓捕和杀头的危险，在隐形战线上同敌人英勇搏斗。

这些革命先辈们，集合在信念的旗帜下。他们就像是一群追光者，飞蛾扑火般前赴后继，不屈不挠、英勇顽强地开展农民运动，开始打碎一个旧世界，重建一个新中国；就像是一群播火者，在任何艰难困苦的情况下，都坚持把拯救民族于危难，拯救劳苦大众于水火，作为己任，在与那个时代的同频共振中，赢得最广大人民群众的支持与拥护；就像是一群修行者，立场坚定，纪律严明，面对敌人的残酷“清剿”、疯狂搜捕，身处深山老林极端恶劣的生存环境，依然保持着革命乐观主义精神，克服重重困难，战胜各种挑战，并最终取得胜利；就像是一群殉道者，不惧敌人的枪口，忍受敌人的酷刑，不惜献出自己最为宝贵的生命，书写对党和人民的无限忠诚。

从这些革命英雄身上，我们读懂了中国共产党人的初心使命，读懂了伟大的建党精神与红军精神、老区精神、方志敏精神。这是中国共产党人的精神谱系，是中华民族和中国人民团结奋斗的动力源泉。正是这种无私无畏的奉献牺牲精神，最后终于缔造出中华人民共和国。

革命先烈的热血与生命，铸就了中国人民站起来、富起来、强起来的基础。历经社会主义建设30年、改革开放30年和新时代，方志敏和无数革命先烈梦寐以求的那个可爱的中国，在一辈辈中国共产党人努力下，已完全得以实现。今天，我们在习近平新时代中国特色社会主义思想引领下，正扬眉吐气地阔步行进在实现中华民族伟大复兴的道路上。

红色闽东北这段以奉献牺牲为主基调的革命历史，体现了新时代共产党人的价值所在，也是感召中华民族和中华儿女，在新征程上勠力前行的不竭动力。

（萧新建，福建省闽浙赣边区革命史研究会常务副会长）

目　录

第一章　一把钥匙失去记忆锁眼

福建省屏南县西部山区，与古田、建瓯两地紧邻处，有一个风景秀丽的仙山牧场。

连片的草甸，如同绿地毯铺陈开来，一眼望不着边际。绿色中，点缀着红的、白的杜鹃花，还有叫不出名的野花，以及在微风中轻摇的芦苇。清泉，从大山的胸腔里涌出，在草甸子里恣意流淌。数万亩山地缓坡草场上，平均每亩生长着黄山松 15 株左右，孤傲挺立，千姿百态。草场四周，是群山环抱，林海松涛。高山独特的气候，让这里时而云雾飘绕，时而碧空蓝天。

仙山牧场

山泉清流冲出草甸，沿着一条山谷奔流而下，在山口处汇聚成湖。仙山湖面积不大，如一面仙人遗落的飞天明镜，映照着绿树青山。

仙山湖畔，新建了一座“摆脱贫困”的雄伟雕塑。习近平同志在宁德工作期间，走遍了闽东各个区县和大多数乡村，写出《摆脱贫困》一书。1989 年 8 月底，他带领宁德地委学习中心组成员，来到仙山牧场，

“在那里举办了一次地委学习中心组读书班，住了5天，这也是地委读书班第一次在办公室以外的地方办”。[①]这次地委学习中心组读书班，为闽东地区摆脱贫困奠定了思想基础。湖畔的这座雕塑，忠实记录着人民领袖擘画革命老区脱贫蓝图的历程，也成为中华民族全面建成小康社会的标志。

与“摆脱贫困”雕塑隔湖相望，耸立着一块“中共闽东北特委、闽东北军分区驻地”纪念碑。碑文写道：“中共闽赣省委为粉碎国民党‘围剿’，于1936年春成立闽东北特委、闽东北军分区，命饶守坤为司令员，特委书记王助兼政委，左丰美为政治部主任，下辖建松政浦屏古瓯等县。特委、军分区驻仙山，领导方圆数百里，人口近百万的闽东北革命根据地，军民胜利地坚持了三年游击战争。”碑文由左丰美亲自撰写，由著名书法家潘主兰书写。

雕塑与纪念碑，让红军历史的源头与新时代思想孕育，在这里交汇。一脉相承的，是为中国人民谋幸福、为中华民族谋复兴的初心使命。

但是，对于红军时期这块纪念碑下所发生的故事，人们并不十分熟悉。甚至，对于中共闽东北特委、闽东北军分区成立的具体地点，屏南县与建瓯市两地，一直存在着争议。

闽东北红军是从闽北开来的，饶守坤将军曾任闽东北军分区司令员。他写的回忆录中，闽北红军来到仙山，赢得人民群众支持的局面，是从建瓯县富地村开始的。2009年5月，中共建瓯市委、建瓯市人民政府，在玉山乡富地村村头，也立起一块“中共闽东北特委、闽东北军分区驻地”纪念碑。

仙山牧场的纪念碑，立的时间要更早。1984年初，屏南县请来闽东北特委团委书记兼军分区政治部主任左丰美认定。左老指认，仙山

① 中央党校采访实录编辑室：《习近平在宁德》，中共中央党校出版社，2020年1月，第23页。

牧场是中共闽东北特委、军分区成立的具体地点。是年 7 月，中共屏南县委、县人民政府，在大坂草场入口的小山坡上，立起这块“中共闽东北特委、闽东北军分区驻地”纪念碑。纪念碑的形状，远看像一把钥匙，直指蓝天。

中央主力红军悄然踏上漫漫长征路后，闽北红军被迫转入游击战争。1935 年 8 月，困顿山头近一年的闽北红军，为保存有生力量，决定在军事上实行战略转移，打出外线，分三路离开老革命根据地，到敌人后方开辟游击新区。

闽东北特委、军分区驻地纪念碑

第一路便是挺进到闽东北的红军部队。21 岁的师政治部主任兼红二团政委王助，与 20 岁刚从连长提任为红二团团长的饶守坤，以及红三团团长周汝春、政委叶全兴，率领闽北红军的这两个团约 700 多人，从崇安岚谷出发，边行军边打仗。他们穿越敌人密密麻麻的封锁线，摆脱了围追堵截，来到闽东北开辟游击根据地。红军的这两个团，在鹫峰山脉主峰九仙山南北，并肩战斗，“在敌人的家里”坚持了两年多时间。

可是，在这里坚持游击的红军战士，在战争年代差不多都牺牲了。

闽北红军刚转入游击战争时，“闽北苏区的武装力量有 5000 多人，其中红五十八团（原属红七军团建制）、独立一团（红一团）、独立二团（红二团）等主力部队 3000 多人，地方武装 2000 多人”；三年游击战争结束，闽北红军游击队陆续开赴江西省铅山县石塘镇集结整编，“总计人数不到800人，其中坚持三年游击战争的红军老战士有200多人”。[①]

新四军成立时，闽北红军奉命组建三支队五团。闽赣省委发动闽北老苏区青年踊跃报名参军，将热血青年集合在信仰的旗帜下。闽北红军队伍很快又发展到1300多人，全团共编为3个营、1个机炮连。坚持在闽东北战斗的红军游击队，被编为第一营。

新四军三支队五团北上皖南，在抗日战场上作战勇猛，曾是繁昌五次保卫战主力，直打得日本鬼子心惊胆战。

1941年1月，震惊中外的“皖南事变”爆发。蒋介石秘密调动7个师兵力，在皖南设下袋形阵地，伏击撤往江北的新四军军部。当时，“老五团”与军部特务团，合编为第三纵队，归新四军军部直接指挥。

从云岭到泾南，“老五团”誓死保卫军部，先当后卫，后打前锋。在完成高岭阻击战任务后，主动放弃北渡长江计划，顺着激战枪声，在石井坑找到叶挺军长。叶挺军长高兴地说：“你们来了好。你们五团是支老红军的部队，许多同志从30年代起已经屡建战功，今天，军部把坚守长龙山的任务交给你们，就是考虑到五团是一支过得硬的红军队伍，大家一定要坚守阵地，长龙山不能丢！”[②]

三天时间里，“老五团”在隆隆炮火中，打退敌人几十次冲锋。由闽东北红军组成的第一营，守卫东流山主峰。国民党军队集中两个师兵力，轮番向东流山主峰发起猛攻。一个营对抗着两个师。“一营营长祝喜良身负重伤，邓副营长牺牲了，其他同志几乎全部壮烈牺牲了。几天以前，一个约2000人的新四军五团……就这样在国民党的屠刀之

① 中国人民解放军历史资料丛书编审委员会：《南方三年游击战争·闽北游击区》，解放军出版社，1993年8月，第4、19页。

② 陈仁洪：《从闽北到皖南》，福建人民出版社，1985年5月，第199页。

下，绝大部分壮烈牺牲在长龙山、东流山上了”。[①] 全团突围生还者，只有几十人。

领导闽北游击战争的红军领导人，差不多也牺牲光了。

1937 年 2 月，闽赣省军区副政委吴先喜，带一支 60 多人的队伍，到光泽县柴家一带活动，被敌人一个团包围。激战中，吴先喜和 6 名战士英勇就义。

7 月，闽北独立师师长黄立贵率领第二纵队，遭敌七十六师第六连和保安五团七中队 400 多人“搜剿”。他们转移到梧桐际山厂宿营，被这两股敌人团团包围。黄立贵为掩护战士突围，壮烈牺牲。

1939 年 5 月，中共中央长江局东南分局宣传部长兼新四军南昌办事处主任（公开身份）黄道，准备到新四军军部，走到铅山县河口镇时染病，被伪装成医生的国民党特务用毒针谋杀。

1941 年 8 月，时任中共福建省委宣传部长王助，为了恢复闽北与闽南的秘密交通线，率部挺进建瓯、延平、顺昌一带开辟新区，遭遇国民党特务掌控的土匪武装埋伏，不幸中弹身亡。

牺牲的其他领导人还有：闽北分区苏维埃政府主席温卿绍、闽北独立师原政委卢文卿，红三团政委叶全兴、团长周汝春，建松政中心县委书记洪坤元，建松政县委副书记兼组织部长杨则仕……

成立了中共闽东北特委、军分区的仙山地区，与武装割据的闽北老根据地还不一样。这里一直是游击区，没有发展成为执政的苏区。

游击区的环境，是远离老根据地，在“敌人的家里”搞武装斗争。活动在闽东北的红军，只有在局部地方、短暂时间内掌握着政权。在敌强我弱的条件下，地方党组织的活动是不能公开的。“应当绝对秘密，在平时，每个党员都绝对以群众面目出现，绝对不能对任何人自称党

① 陈仁洪：《从闽北到皖南》，福建人民出版社，1985 年 5 月，第 202 页。

员。”[①] 一些“特别党员”，还要以灰色面目，或者“白皮红心”身份，打入敌人内部，暗中帮助地下党组织和红军游击队，购买枪支弹药，收集传送情报，保障粮食物资供应。

游击区的地下党组织与党员，就像蛰伏于土壤中的蜕蛹，终日在暗无天日的环境中生活。许多人，没有等来春雨浇灌而拱出泥土，来到阳光下，在枝梢上脱壳而出，一鸣惊人。

巨大的牺牲，以及游击区特殊的生存环境，使这里的党史资料出现“断档”“断层”现象。在闽北革命史中，中共闽东北特委驻地仙山地区的党组织，只记载有一个“迪口县委”和一个“陈家山支部”。迪口县委书记是谁？迪口老区建设促进会会长李庆齐曾写信给饶守坤将军，饶守坤回信说：“县委书记崇安人，名字刘 × 牛（中间一个字记不起来）。”[②]

宁德市作家禾源先生，曾几次来到仙山牧场这块纪念碑下。他在一篇散文中深情写道：“仙山牧场的记忆锁眼在哪？是那块‘中共闽东北特委、闽东北军分区驻地’纪念碑，是那个老红军萧茂有的墓地，或是萧家土屋几堵墙根，或者说就是那些树和草。水中摇摆畅游的鱼儿，仿佛只记得清流的欢娱，我只好把寻觅的思维化作一只如风的大手，抚摩过整个草场，在一处处有几分

萧家老屋遗址

① 《给中共浙南临时革命委员会的信》，1936 年 9 月，原件存中央档案馆。

② 叶夏汉主编：《福建建瓯迪口革命老区》，南新出内部书报刊第 98044 号。

粗粝的地方重摁，又在感觉疼痛处停歇，知道那便是当年记忆的锁眼。大坂中的那堵土墙，与土墙相互注目的萧茂有之墓，我有了痛感，我想这就是一个最显眼的锁眼……”

老红军萧茂有烈士墓，在大坂草场尽头的山坡上。

萧茂有烈士生前在山脚下的水竹洋村担任党支部书记。1948 年 11 月，国民党保安团抓捕萧茂有，进而想破获这一带的地下党组织。“当着众人的面，保安团对他严刑拷打，用棍子抽，用枪托撞，用刀子刺，用烧红的火铲烙，他就是不肯招供，不肯投降。最后，他被拉到河边一块菜园里，打了好几枪，倒下了……”[①]是水竹洋村的乡亲们，将他的遗骸，偷偷安葬在大坂草场的“萧家老屋”旁边。

中华人民共和国成立之初，萧茂有被屏南县人民政府追认为革命烈士。

萧茂有烈士生活过的“萧家老屋”，不知何年已倒塌，只剩下半堵土墙。遗址里，长满枯竹杂草。一尊舂米的硕大石臼，静卧于此，透露出这里曾经有过的生活气息。

当地人都说，“萧家老屋”很奇特，建在屏古瓯三县交汇点上，一屋盖三县。当地人还传说，这户人家都被国民党杀光了，萧家只剩下萧茂有烈士的一个遗孤，后来也搬到建瓯县去生活了。

笔者在收集红色文化史料时，无意间发现了仙山牧场的“萧家老屋”曾经是闽北红军地下交通站的线索。线索主要材料，是 20 世纪七八十年代，萧长清、萧长生兄弟俩，为父亲萧茂忠、母亲应桂香申请评为革命烈士的资料。

其中一份，字迹歪歪扭扭，较为详细地记述了萧茂忠、应桂香惨遭国民党军队杀害的经过。现原文辑录如下，只对个别错误或语句不通顺的地方，加括号说明：

① 《仙山脚下的烽火岁月》，《闽东日报》2021 年 6 月 7 日。

查，我大坂厂肖茂忠，别名肖老虎，出生于1890年，在残(牺牲)1936年2月28日，残（牺牲）时46岁。参加革命1934年春，在闽北独立师黄立贵、左丰美、钟大湖、饶秀（守）坤等领导同志下的红军部队，任交通员，在峡头、岭后、富地、水竹洋、横坑等村，有屏古瓯三县革命工作活动。当时，在黄立贵领导下的工农红军，在1936年2月间，在榧村富地岭伏击国民党反动派，打(这)一战（仗）的战果辉煌，消灭国民党一个营兵力。接着，黄立贵同志和其他的领导马上带领部队转移地方，留有两支枪及子弹，命令肖茂忠留在此地继续工作。但反动派受此打击，(发怒来报复)。1936年2月28日，又调动大批兵力，(进)攻革命根据地榧村一带。不幸我们革命队伍出了叛徒刘门，出卖革命同志，带领国民党军队打大坂厂。不幸我父亲和长兄当场被捕，把枪、子弹都那（拿）去，本日抓去杀害，牺牲在富地村前洋边。本日肖长春说，父亲被打残（死）了。后有祖父、母亲、兄，第二天全家搬到横坑村。叛徒又带反动派来抓我全家，结果没有抓到，就放火烧光我祖房。接着又赶到横坑村，全村农民抓来，叫他（们）叫（交）出红军来，如不叫（交出）来，全村全部打死。后我母亲自动走出来，保了全村农民。就把她抓去，（在）横坑村杀害……

另有一份，是写给屏南县民政局的《申请书》，申请人落款为“南平市公安局肖长清”，落款时间为1979年12月19日。内容为：

屏南县民政局：兹因本人父亲肖茂忠、母亲应桂香，住在贵县原水竹洋村大坂厂，于1932年参加革命，在黄立贵、黄（王）助、左丰美领导下工作，由于被叛徒刘门出卖，先后于1936年3月，分别在建瓯富地村、古田横坑光荣就义。现两位老人坟墓倒塌，在解放后都未修复，特此申请贵局拨给修坟费和烈属证，请贵局给予批准为盼！

改革开放后，建瓯县玉山村分田到户，推行家庭联产承包责任制。玉山村农民肖长生有三个女儿，大的小学未毕业，小的才两岁。分田到户后，他家缺少劳动力。肖长生想到，父亲肖茂忠、母亲应桂香，是当闽北红军独立师交通员牺牲的，便到南平市公安局找哥哥肖长清商量，提出为父母亲申评革命烈士，以便能享受到烈士亲属的优抚待遇。

肖家人本姓萧，简化汉字时改姓为肖。为尊重历史原貌，我们还是统一写作“萧”。

萧长生的二哥萧长清，是1946年参加工作的“老革命”。1950年，他作为南平分区选出的7名战斗英模之一，到福州参加全省首届英模大会。不久，萧长清转入到上海东海舰队工作。几年后，部队大裁军，他从上海转业回闽，在南平市公安局工作。

当时，玉山村未通电。萧长清从南平坐班车，先到建瓯转车，到玉山村时天都黑了。兄弟两人饭后守着一碗苦茶，面对面坐着，常常一句话也没有。他俩的姐姐萧大妹举着火把，从付锡村过来。姐弟三人围坐一起，虽有说有笑，也是老半天你说上一句，他接上一句。

1936年春，姐弟三人的父亲萧茂忠、母亲应桂香，在屏古瓯三县交界的大坂厂，被国民党保安团杀害。他们三人被一伙陌生人，从老家古田县五都（凤都）半山村，带到百里外的建瓯县玉山乡付锡村。当时，萧大妹10岁，萧长清8岁，萧长生只有6岁。

姐弟仨只知道父亲萧茂忠、母亲应桂香、大哥萧长春，与爷爷萧荣贻、叔叔萧茂有，到很远很远一个叫大坂的地方，种青开山厂去了。突然，国民党保安团来了一个连，到他们半山村老家，放火烧毁了萧家祖屋，还要对萧家人斩草除根。当时，是邻居婶婶雷凑使将他们藏在自家阁楼里，躲过了劫难。

当天深夜，姐弟仨被人牵着、背着，走到天亮，来到陌生的建瓯县玉山乡付锡村。萧大妹送给一个叫魏仁利的23岁青年做童养媳。不久，萧长春也来到魏家，萧长春、萧长清、萧长生兄弟仨，跟着萧大妹一起在魏家生活。萧大妹长到十几岁，嫁给了魏仁利。憨厚的姐夫，送萧长清去学箍桶匠，送萧长生去学篾匠。

抗日战争后期，福建地下省委从闽北迁往闽中，古田武工队受命开辟闽北—古田—闽南的地下交通线，古田地下党“同屏南县水竹洋、山峰、岭头等地的线路也相继接通”。[①]大哥萧长春又去了大坂厂，与爷爷萧荣贻、叔叔萧茂有，在大坂种青开起山厂。

萧长清（后右二）参加闽首届英模大会南平分区合影

1946年的一天，萧长清被大哥萧长春接到大坂厂，让他利用箍桶匠身份作掩护，走村串户，为在屏古瓯一带活动的地下党和游击队传送情报。他这才知道，父亲萧茂忠、母亲应桂香早年是跟着古田的地下党参加革命的，后来又成为闽北红军独立师交通员，被国民党反动派杀害。

萧长清、萧长生兄弟俩在改革开放后，才开始为父亲萧茂忠、母亲应桂香申请评为革命烈士。按照属地管理原则，他们向屏南县民政局提出了申请。

虽然近50年过去，但追认中华人民共和国成立前牺牲的革命烈士，仍是执行1950年6月中央人民政府内务部发布的《革命军人牺牲、病

① 《战斗的八年》，《古田党史资料》1986年第2期。

故褒恤暂行条例》《革命工作人员伤亡褒恤暂行条例》等文件。根据这些文件，只有革命军人或革命工作人员，才能追认为革命烈士。

萧长清兄弟的这些申请材料寄出后，屏南县派干部来到建瓯县玉山村，调查了解情况，住在萧长生家一个多星期，还到萧茂忠牺牲地建瓯富地、应桂香牺牲地古田横坑，实地调查采访。当地群众纷纷签字、摁手印，证明两人被国民党保安团杀害的经过。那时，尚有不少知情者，亲眼见证了萧茂忠、应桂香夫妇英勇牺牲。

但是，没有人能够证明，这对夫妻是因为革命者身份，被国民党反动派杀害的。孤证不立，这件事便搁置了下来。20世纪90年代，萧长清、萧长生和姐姐萧大妹，都先后病逝了。

战争年代的地下党员，只有单线联系的人，才了解他们的真实身份。那个时候，从革命老同志撰写的回忆录中，从收集的各种党史资料中，都没有确凿证据，说明在闽北红军到来前，仙山地区有地方党组织与红军游击队活动的身影。

左丰美（右）出席建瓯党史座谈会

左丰美在1936年底西南战区撤销后，才调来仙山任闽东北特委团委书记兼军分区政治部主任。

1983年10月，他在建瓯县召开的党史资料征集座谈会上，回忆红军时期建瓯党组织活动和武装斗争的情况。左丰美开门见山，说："根据文献记载，建瓯党的组织很早就建立了。大革命时代，从京、沪发展到建瓯，以后是福州特委领导下的一个支部。虽然这段历史我不清楚，但在以后的三年游击战争、抗日战争和解放战争时期，我多次在建瓯所辖地方工作过。我知道建瓯一直有党的组织和武装斗争，而且遍布建瓯的东南西北边缘地区。”①

左丰美回忆了1934年，黄立贵率闽北红军从崇安打到建瓯玉山、迪口的情况后，接着说：“1935年初，黄立贵同志、杨则仕同志再次带独立师师部和第一团挺进建松政，开辟新的苏区。队伍在建瓯玉山打了一仗，打得比较激烈，才把玉山打下来。住了一天一夜，第三天的上午，派出的侦察连本来应该很早出发，到小桥的大夫岭进行警戒，不知什么原因，侦察连到上午10点钟还未出发；这天雾很大，建瓯方面的敌人两个营共600人已抵达玉山。我们才200多人，当即决定撤退，以一个排的兵力作掩护，等到师部和一团安全撤出战斗，这个担负掩护排的退路已被切断了。当时全排战士都分散隐蔽在玉山老百姓家里，敌人并未发觉，等敌人走了，老百姓才把战士从群众家里送来，会合在一起送到师部。这件事说明那里的群众非常好，也说明那里党的群众工作做得好，虽然我们不了解当时地方党组织的具体情况，但说明这里有党的组织活动。以后我走过水北、党城等建瓯管辖的地方，我看也有党的组织，虽然我讲不清楚。”

以仙山为核心地区的闽东北游击区，在南方三年游击战争中，保存了闽北红军的主要实力。战争年代的巨大牺牲和游击区特殊的生存环境，却使这里仿佛成为一位失去了记忆的老人。

① 中共建瓯县委党史资料征集编写办公室：《建瓯党史座谈会专辑·左丰美同志的发言》，1983年10月10日。

第二章　屏古瓯地下党活动觅踪

萧长清、萧长生兄弟为父母申评烈士的材料里，留下了“萧茂忠别名萧老虎”“母亲应桂香”“1932 年参加革命”“水竹洋村大坂厂”“黄立贵领导下的工农红军任交通员”等信息。这些信息，时间、地点、人物，都具有唯一性、不可替代性。

循着这些线索，笔者开始借助信息时代的便利条件，查找历史资料。在开国中将、原济南军区司令员饶守坤的回忆录中，找到了“萧老虎”的踪影。

闽北红军在石塘整编，饶守坤被任命为新四军三支队五团团长，率领这支老红军部队北上皖南抗日前线。后来，组织派他到延安学习，回来后到江北指挥部任职，躲过了“皖南事变”劫难。

岁月悠悠，俯仰之间五十余载过去，可闽东北的游击战火，依然在他心中升腾不息。

饶守坤（前排中）与陪同人员在仙山牧场合影

1986 年 9 月 7 日，他与老伴顾民，在老战友——福建省政协副主席左丰美、福建省军区副政委钟大湖陪同下，专程重游故地仙山，实地回顾游击战争的生动情景，深情讲述在这里战斗的往事。看到当年浴血战斗的大坂厂，已成为国营仙山牧场，饶守坤将军十分高兴，欣然以牛场住房为背景，与大家合了影。

萧茂有烈士遗孤萧长美在牛场当职工。饶守坤将军听说大坂厂这户姓萧的人家，战争年代全被国民党杀光了，只剩萧长美这一个后代，一把将萧长美搂住，动情地说："你们家是真正的红军！"

解放战争时期牺牲的萧茂有，从此被称为红军烈士。

回到济南，饶守坤将军写出回忆文章《闽东北游击区的开创与发展》。在回忆历尽艰难来到仙山地区，取得群众初步信任后的情况时，他深情地写道：

> 屏南县山峰村有几户贫苦农民，经常为我们送粮食、盐巴，有时我们住在他们家里，开会、研究活动方案，成为我们的"堡垒户"。在大坂山顶一片洼地中有一户人家，主人的外号叫萧老虎，他一家五口，种四五亩水地，一年收获的粮食够吃有余，且他家居住山顶，国民党军队和民团很少来打扰，有时我们打完仗，便到他那个地方宿营，即使是半夜三更去，他都连忙给我们开门，生火做饭。有时我们把负伤的战士安顿在他家，他都热心照料。像这样支持和帮助我们的群众越来越多。[①]

大坂厂只住着"萧老虎"这一户人家，方圆十余里都荒无人烟。在饶守坤将军重回仙山后，萧老虎一家人的革命者身份似乎得到确认。《中国共产党屏南历史·第一卷（1919—1949）》附录三《屏南县革命烈士英名录》中，我们找到了萧茂忠、应桂香与其弟萧茂有的名字。

① 中国人民解放军历史资料丛书编审委员会：《闽北三年游击战争·闽北游击区》，解放军出版社，1993 年 8 月，第 288 页。

在《屏南县革命老根据地略图》里，我们看到大坂厂被标注为“老区村点”；在《三年游击战争时期屏南交通站分布图》中，大坂厂还被标注为红军“联络站”。这个联络站，一边连接着屏南的交通线路，一边通向建瓯、古田。

甘妙坚先生是屏南县一位德高望重的党史专家。20 世纪 90 年代，他辞去福建师大教授工作，回家乡屏南研究地方党史。他生前整理的《屏南县党史大事记要》记载：1935 年 11 月，闽东北游击根据地，“经过长期的浴血奋战，终于把大段、溪里、下马溪革命根据地与大坂、山峰、水竹洋革命根据地连成一片。在大坂、山峰、水竹洋等地建有党支部，附近村庄也发展了个别党员，建立了情报站，还组建有区、乡苏维埃政权”。①

萧茂忠、应桂香夫妇的名字，列入《屏南县革命烈士英名录》，这一结果未告知其后人。

原来，从 1983 年开始，福建省追认中华人民共和国成立前牺牲的革命烈士，主要看是不是“对敌作战牺牲”，或“因执行革命任务遭敌人杀害”。1980 年颁布的《革命烈士褒扬条例》，规定批准为革命烈士，须是“对敌作战牺牲”或“因执行革命任务遭敌人杀害”。福建省为了处理好“福建地下党冤案”，专门下发文件，要求复查涉及地下党的人员，要按照“宜细不宜粗”的原则办理。

萧茂忠、应桂香虽被承认了革命工作人员的身份，但不是与敌作战牺牲，也没人证明他们是因执行革命任务遭敌人杀害。萧茂忠、应桂香夫妇，成为只评了一半的革命烈士。萧荣贻、萧长春祖孙二人，也成为无名英雄。大坂厂交通站在风蚀雨浸中，渐渐倒塌了。

土地革命战争时期，党内的联系主要依靠地下交通。从事地下交

① 甘妙坚：《屏南县党史大事记要（一）》，《屏南党史资料与研究》1987 年第 1 期。

通工作的交通员，是在无形战线上同敌人进行英勇搏斗的无名英雄。他们在白区生存的条件下，时时冒着被敌人抓捕和杀头的危险，接通上下级之间的联络，架通红军与人民群众之间血肉联系的桥梁。

“中共闽东北特委、闽东北军分区驻地”纪念碑，就立在大坂厂交通站旁。看来，仙山牧场不仅风景秀丽，还是一个有故事的地方。

笔者开始向历史采访，循着大坂厂红军交通站的记忆锁眼，去开启红色闽东北的历史大门——

1918 年，萧茂忠 28 岁，仍是光棍一条。

萧茂忠是古田县五都（今凤都）半山村人，萧家祖祖辈辈都以种青为生。青是一种植物，学名蓼蓝，能制取染料靛青。青这种植物喜欢生长在高山林边潮湿处，对土壤要求不高。因此，种青人走的路与常人不同，哪里山高他们就往哪里爬，哪里林深他们就往哪里钻。

萧茂忠是萧家长子。种青制青这门古老手艺，传承到他手上，他感觉到步履维艰。

萧家生产的土靛，主要销往建瓯城的几家靛行。此时，西方的洋靛、洋布大量进口，土靛和土布相形见绌。建瓯城关的大染房，纷纷倒闭。萧茂忠挑着沉重的担子，行走近 200 里山路，来到建瓯城关。土靛销路不畅，他只能以很低的价钱卖出去。

萧家居住在山顶，世代靠在山林边种青制青生活，没有置买田地。萧茂忠眼看着家道在他手上开始衰落，既心有不甘，又觉得空有一身手艺和体力，无处抗争。

他挑着一副空担子，到建瓯城卖完土靛回来，路过建瓯县峡头村。峡头村是屏古瓯三县交界的一个小山村，附近的高山林地，都为村里地主吴贵泽所有。听说吴贵泽家在大坂有片山林地想出租，萧茂忠来到大坂，一下子被吸引住了。

大坂这片山顶，山高林密，低洼处水草丰茂，非常适合青生长。他当即用每年 50 角小银租金，与吴贵泽签订了永久承租这片山地的协议。

萧茂忠与父亲萧荣贻，来到大坂，搭起草寮，开始种青制青。他们把从半山老家带来的青头，种在大坂山顶密林边。青这种植物，不能用草籽种，否则长出来就是普通的蓼，出靛青量很少。一棵青头种下去，往往会长出几十枝条，直蹿到齐胸高。收割下的青蓼，放在青池里浸泡，每天定时翻动。青蓼沤烂，待青靛汁完全释出，便捞出残渣，撒入生石灰或牡蛎壳灰搅拌，沉淀后的提取物，晒干了便是土靛。

有了这个制青山厂，大坂这个地方开始叫作大坂厂。父子俩还在大坂开垦几亩水田，种上粮食自给自足。两年后，萧家生活有了起色。30岁的萧茂忠，回到古田半山村，迎娶了五都墓兜村20岁姑娘应桂香为妻。

萧茂忠经常在大坂厂、半山村两地间奔波。天不亮出发，走到天黑，才从这个家走到那个家。小别胜新婚，婚后不到10年，他们两口子接连生育了4男1女5个孩子。

这样的生活，被一个叫庄又陵的人打破了。庄又陵是中共福州中心市委候补委员，也是古田县五都人，老家为山头岭村（今属罗坑村），与应桂香娘家墓兜村是邻村。邻村之间，都有着或远或近的亲戚关系。

应桂香

1932年7月，福州中心市委派庄又陵、黄可英到建瓯传达市委指示，召开改组扩大会议，选举产生了建瓯中心县委，庄又陵、黄可英、张剑平等当选为县委领导。“中心县委下辖政和、建阳、松溪3个特支（到年底发展为7个特支）”。[①]市委还指示“要建瓯设法

① 中共南平地委党史研究室：《闽北革命史》，人民出版社，1992年10月，第95页。

与崇安的闽北分区委接上关系，建立福州市委与闽北分区委的交通联络”。[1]

庄又陵到建瓯后，以“来自屏南、古田、平阳替财主耕田、砍柴、拖骡”的农民为骨干，在发展农会基础上，秘密成立了建瓯交通总站，负责打通建瓯中心县委与福州中心市委、闽北分区委，以及闽东党组织的联系。

庄又陵在建瓯东区活动时，常以走亲戚名义，住在大坂厂萧茂忠家。在庄又陵循循善诱下，萧茂忠懂得了这个世道黑暗的原因，明白了只有组织起来闹革命，穷人才有出头日。他跟着庄又陵先组织农会，后加入党组织。应桂香也在庄又陵引导下参加革命。她将孩子留在半山村，放开一双小脚，挪动着来到大坂厂。

屏古瓯三县交界的大坂厂，成为中共建瓯中心县委连通福州及闽东的一个重要交通站。萧茂忠选择在大坂草场靠近山根的地方，挖土夯墙，架木搭顶，建起一座二层土屋。顶部特意架空挑高，既用于晾晒土靛和粮食，也用于观察瞭望。

雄伟辽阔的鹫峰山脉，北接由浙江延伸至福建境内的洞宫山余脉，南隔闽江与戴云山脉相望。它逶迤绵延，将闽北建瓯、延平与闽东屏南、古田自然分开。中共建瓯中心县委成立后，就以救国救民的道理唤醒劳苦大众，以“打土豪、分田地”的旗帜，召唤广大农民群众自觉自愿跟党走，在鹫峰山脉点燃起土地革命的熊熊烈火。

在建瓯东区，县委派张剑平到东游建立了党城党支部。“东区在东游建立组织，有叶文垣、叶康生（是药店学徒）、叶光娥（女）等，都是党城人，乃叫党城支部。以后谢成在墩上小学读书，也建立了墩上支

① 中共建瓯县委党史资料征集办公室：《第二次国内革命战争时期建瓯大事记略（一）》，1982 年 12 月 1 日。

部”。[1]仙山北侧，有个上范村，属于东游镇管辖。老党员谢贞梁回忆：“张剑平同志邀我趁此机会到乡下去活动，宣传土地革命，于是我就同他一起到我的家乡上范村住在我家里，他在上范主要是宣传红军已打到邵武，革命节节胜利，这给宣传土地革命带来极大的条件……张剑平同志是闽南人，不会讲本地话，对贫苦农民宣传，都是由我作翻译。”[2]

建瓯中心县委领导人黄可英，也经常在东游一带活动。谢贞梁回忆：“1932年9月，黄可英烈士来到上范进行革命活动，当时斗争是很激烈的。”[3]谢贞梁回忆了黄可英在上范发动农民运动的4件往事：一是斗争上范村的土豪谢发婢。二是抓钱山村的联保主任李金标。李金标依靠地主武装欺压百姓。黄可英派叶文煜、陈希先两人打入该联保办事处当文书，又派徐幼华打入东游区公所当区员。有一次，东游区公所有任务，该联保主任不能完成，被徐幼华抓起来，扇其耳光，扫了他的威风。三是打地主的谷庄。东游地主王豹文在上范村上洋有积谷仓，当年因旱灾歉收，无米为炊，黄可英发动贫农团打开王豹文的谷庄仓库，把几万斤存谷一分而光。四是到东游区公所夺枪。黄可英为了建立革命武装力量，发动贫农团，联合游击队，在内线配合下，去劫东游区公所的枪。不料有个内奸叫“秋子”的告密，没有成功。

建瓯县东游镇北面，是川石乡。川石的革命资料显示：“土地革命战争时期，川石人民在共产党的领导下，在川石、厚山、后洋、徐布、慈口等村建立农民协会7个，发展会员200余人，带领群众开展抗捐、抗税、抗债、抗粮、抗租活动。”[4]

① 詹楚材：《第一次大革命时期建瓯地下党活动的点滴见闻》，《建瓯文史资料》第2期。

② 谢贞梁：《三十年代上范革命的片断回忆》，《建瓯文史资料》第5期。

③ 谢贞梁：《三十年代上范革命的片断回忆》，《建瓯文史资料》第5期。

④ 林世钦主编：《川石革命老区》，南新出内部书报刊第99100号。

川石乡再往北，是政和县东平一带。闽北成立第一个党支部建瓯支部时，政和县东平镇凤池村青年杨则仕（又名杨又仕）在建瓯五中读书，被发展成为第一批党员。杨则仕回到政和凤池老家后，以教书为掩护，秘密成立农会，发展党员，开展抗租分粮斗争。农会骨干率领佃农，开展减租减息斗争，将原租佃契约的“主八佃二”或“主七佃三”，改为“主佃各半”或“主四佃六”，提高了佃户占有收成比例。同时，废除了契约中“倘有欠租，送官追究”“红白喜事，佃户得无偿帮工”等不合理规定。在开展农民运动中，“党组织也发展到3个支部，党员发展到100多人”。[①] 成立了政和特支，杨则仕任书记。

屏南县西北地区，与建瓯、政和两县交界。屏南的党史资料也记载：“中共屏南县特别支部派员深入屏南西北地区农村开展革命宣传活动，组织农民协会，实行‘二五’减租和‘平粜’等斗争，农民运动蓬勃发展。”[②]

那时的旧中国，人心思变。中央红军趁着第四次反“围剿”胜利，由彭德怀率领东方军，正在向闽北发展，“把红旗插到福建去”。闽东北地区的地下党组织，响应“中央红军向福建纵深发展”战略。鹫峰山脉两侧，农民运动此起彼伏，遥相呼应，开始连为一个整体。

地下党在组织领导开展农民运动中，在白区建立起纵横交错的红色交通线，肩负着沟通各地联系、传送党的文件、护送来往干部、运送物资经费等重要任务。这些秘密交通站，有的以山厂名义存在，有的以开茶馆、客栈为掩护，负责保护交通员的安全，为过往同志带路，还兼任探听敌情、采购物资、发动群众等工作。

大坂厂地下交通站，就是中共建瓯中心县委连通福州市委，及闽东地区红色交通线上的枢纽。来来往往的革命党人，都常以做生意或帮工名义，在这里落脚。

---

① 叶相唐主编：《政和革命史》，南新出内部书报刊第97074号。

② 中共屏南县委党史研究室编：《屏南革命遗址遗迹名录》，内部资料。

第三章　罗炳辉派来的“战略骑兵”

罗炳辉将军

罗炳辉在红军将领中以善于机动、善用奇兵著称，经常率领红军孤军深入，完成战略任务。他的部队获得了“神行太保”“两脚骑兵”“战略骑兵”等美称。毛泽东主席高兴地称赞“罗胖子”是个“会演戏的角”，“牵牛鼻子的能手”。

1932年初，中革军委决定成立闽西军区（后为福建军区），任命罗炳辉为总指挥。闽西军区的任务是“发展革命战争，巩固闽西，向闽北发展，使闽赣苏区打成一片”。并指出，红十二军“是福建苏区的主力，特别要负责完成与巩固福建全省的苏维埃政权”。[①]

10月14日，红一方面军总司令朱德、总政委毛泽东（已离开军队）、代政委周恩来在江西广昌发布作战计划，决定趁国民党军队对中央苏区大举进攻的部署未完成之际，“拟出其不意迅速而同时地消灭建宁、泰宁、黎川的敌人而占领其地域。占领泰宁的兵团，并于占领泰宁时即刻发出一个相当的兵团直趋邵武，沟通崇安红军”。[②]

“会演戏”的罗炳辉，将红十二军一个师留在闽西，与地方武装合编，仍称为第十二军。将第十二军直属队、第三十六师及独立四师、

① 军事科学院《罗炳辉传》编写组：《罗炳辉传》，军事科学出版社，2016年3月，第108页。

② 《建黎泰作战计划》，1933年10月14日。

五师，整编为红二十二军。

10 月 19 日，罗炳辉率红二十二军攻占泰宁，接着占领邵武，与黄立贵师长率领的闽北独立师，在邵武实现会师。中央苏区与闽北苏区，实现了连片打通。罗炳辉回忆："我的部队绰号叫'两脚骑兵'，因为我们擅长迅速秘密的步兵运动……我的部队总是安置在侧翼或后方的，因为他们行动非常迅速。他们对于迅速地秘密移动，都受过特殊训练，并长于袭击敌人的后方，而使他们阵线混乱。他们都是些精选的强壮健康的汉子。"① 他还回忆说："占领邵武第 3 天，又出一支兵占领光泽县城，另一支兵威胁着洋口，有下延平之势。"②

罗炳辉从红二十二军抽调出 100 多名骨干，组织新扩招的战士，成立了邵光独立团，携带一部 50 瓦特电台，来到建阳、顺昌一带活动。独立团的任务是，从闽北苏区沟通与赣东北苏区的联系，并威胁延平。11 月 24 日，红一方面军向所属各部发布的紧急训令中指出："我方面军在东北一个月行动，连占七城，赤化建宁、泰宁、黎川……打通闽北苏区，建立邵光独立团，联系赣东北、威胁延平。"③

12 月 3 日，闽浙赣省委机关报《工农报》报道："此次红十二军（红二十二军是由红十二军改编的）到达建阳，建瓯、松溪、政和三县的先进贫苦农民，在中国共产党建瓯中心县委领导之下，成立了闽北工农游击第一支队，现已集中数十余人，枪支齐全，已开始游击，并积极帮助农民群众起来作冬荒和年关斗争，配合红军实现整个闽北的苏区，一般农民对游击队极为拥护，参加者络绎不绝云。"④ 这则报道，

① 军事科学院《罗炳辉传》编写组：《罗炳辉传》，军事科学出版社，2016 年 3 月，第 95 页。

② 罗鲁安主编：《罗炳辉文集》，中央党史出版社，2006 年 12 月，第 16 页。

③ 朱德、周恩来、王稼祥：《为粉碎敌人第四次"围剿"的紧急训令》，1932 年 11 月 24 日。

④ 《建瓯工农成立了自己的武装——闽北工农游击第一支队》，《工农报》第 15 期，1932 年 12 月 3 日。

闽北工农游击第一支队成立的消息和宣传画

透露出罗炳辉组建的邵光独立团，以建阳为中心活动，除了从闽北苏区沟通赣东北，还肩负着策应中共建瓯中心县委，开展工农运动，发动游击战争，以“实现整个闽北的苏区”的任务。

同日，中共福州中心市委向中央报告：“闽北交通已打通，建瓯中心县已与崇安发生关系，不过他们——崇安党因建瓯中心县委没有中央介绍信不大信任。现望中央赶快派一交通员去。”[1]

12月9日，闽浙赣省委也向中央报告：“中央局给赣东北省委指示信至闽北苏区转给我们，已与邵武区委接了头，并留下一营红军在邵武一带开展游击运动，现正在积极行动中。”[2]1932年冬天，闽浙赣军区组成赴中央苏区参观团，在邵光独立团护送下，进入中央苏区。宣金堂是参观团成员，他回忆：“12月26日，中央红军邵光独立团来到崇安县的星村接我们，担任护送任务。团长是湖南人，矮矮的个子……此后，我们就在邵光独立团的护送下，往黎川走……”[3]

不久，赣东北苏区与中央苏区也实现了打通，邵光独立团通过闽北联系赣东北的任务暂时结束了。

1933年4月26日，中华苏维埃中央人民委员会在瑞金召开第40次常务委员会，决定将新开辟的建黎泰、资光贵以及抚河以东地区，与闽北老苏区合并，成立中央苏区闽赣省。苏区边缘的建瓯中心县委

① 《中共福州中心市委关于十月革命纪念工作情况报告》，1932年12月3日。

② 《中共赣东北省委向中央的报告》，1932年11月9日。

③ 革命历史资料丛书《回忆闽浙赣皖苏区》，闽赣十年斗争的回忆片断（1927—1937），江西人民出版社，1983年12月，第280页。

及所属的建松政党组织，划归闽赣省所属的闽北分区委领导。

6月19日，中共福州中心市委书记陈之枢在给中央的报告中说："外县工作有建瓯、政和、建阳三县，共同志80多人，会员700多人，游击队1队，人数20多人，枪2支，其余都是刀和土枪。现在活动分粮的斗争，详情不清楚，因交通不便。建瓯为中心县委，其余二县是归建瓯领导。"[①]

7月初，新成立的中央苏区闽赣省，根据中革军委命令，负责组建红七军团。资料显示，闽北独立师和邵光独立团都调到黎川，编入红七军团第二十师。

邵光独立团调走后，在闽东北地区，罗炳辉的一支部队，来闽东北地区活动了近两年时间。

我们根据一些零碎的资料，论证还原这段历史。

闽北独立师（独立一团、二团）调走后，闽北分区委以崇安、铅山、广丰红军独立团为基础，组建了新的闽北红军独立团。邵光独立团离开后不久，建阳、顺昌一带，也冒出一个闽北独立团（又称闽北独立部队），该团直接受中革军委和红一方面军的指挥。

8月27日，项英给朱德、周恩来的电报中，要求"闽北独立团应监视并截击邵武之敌"。[②]9月6日，项英再致电朱德、周恩来，要求"闽北独立部队，现应佯攻或游击建瓯之敌，抑留其南下活动"。[③]

受中革军委和第一方面军直接指挥的这个闽北独立团（或闽北独立部队），过去认为是闽北军分区新成立的那个闽北独立团，调到这里来执行作战任务。我们综合历史资料认为，这个独立团是邵光独立团离开时，罗炳辉留下一部分"战略骑兵"骨干，与赣东北留下的那个营，一起新组建的一个独立团，对外仍打着罗炳辉部队旗号。

① 中央档案馆、福建省档案馆合编：《福建革命历史文件汇编》。

② 项英：《对作战计划之补充意见》，1933年8月27日。

③ 项英：《对红三军团作战部署的意见》，1933年9月6日。

那时，赣东北与中央苏区已实现打通，中革军委成立了东方军和中央军，运用“两个拳头打人”的战术，正在谋划“争取一省或数省首先取得革命胜利”。中革军委发布命令，要求“军区或作战分区拣选部队编成”远殖游击队，配合基干兵团活动。“这种游击队主要是在敌人远后方造成地方暴动，建立苏维埃政权”。还要求由独立团派出挺进游击队，深入敌人后方，“发动白区工农劳动群众的阶级斗争、白区士兵斗争，繁殖组织新的游击队……主要是使敌人腹背受敌，配合红军基干兵团作战，同时也是扩大苏区。”①

8 月 25 日，彭德怀、滕代远指挥东方军主力占领延平县王台镇和建瓯县洋口镇（洋口现属于顺昌县）。《工农报》登载的《在创造闽东北新苏区的任务下红军威胁福州》的消息，透露东方军的这次行动任务，是“争取江西全省首先胜利和创造闽东北新苏区”。报道中说，“延平、建瓯间亦为红军截断，建瓯城外五里即为红军与游击队活动区域。”“红军所到的地方，各处的农民武装和游击队都积极起来响应，红军配合着当地群众斗争而取得这样伟大的胜利。”②

打着罗炳辉旗号的这个独立团，作为一支远殖游击队，秘密来到闽东北纵深地区，建立和恢复地方党组织，发动农民运动，开展游击战争。

建瓯县川石乡后洋村，有一位失散的老红军叫吴留成。吴留成于 1933 年参加红军，在部队 5 年时间，参加过大小战斗不下 10 次。他印象较深的有，攻打延平南山区公所、屏南上楼乡公所、房道区公所，打建瓯新庵民团、水吉笼坑村民团、屏南绿竹洋民团、岭下民团、政和宝岱村民团等。吴留成参加红军时，闽北红军尚未深入这些地区活动。这些战斗足迹表明，吴留成参加的这支部队，即隶属于罗炳辉的独立团。

1933 年 8 月，国民党政和县县长卢义声呈福建省政府建设厅孙厅

① 《关于准备粉碎敌人第五次“围剿”的命令》，1933 年 8 月 28 日。

② 《在创造闽东北新苏区的任务下红军威胁福州》，《工农报》1933 年 9 月 5 日。

长《政和县城被敌攻陷情形》的电文，详细记载了这支打着罗炳辉旗号的部队，领导陈师亮农民武装，攻克政和县城的情形：

> 本年秋间，寻罗匪炳辉溃窜洞宫山，与寿宁土共联成一气，啸聚各地诸匪，数达400余人，随时分股四处掳掠，四县治安均受其威胁……此次陈匪（师亮）探知我政寿各军未到，县城实力单薄，即于本月25日拂晓，倾其主力200余人，在离城60里之黄檀地方分东西两路，疾驰来犯。本县长因县保卫副指挥林鼎祺已于本月22日前往建瓯，即亲督团、警分头迎击。警察队长刘景笙亲冒矢石，本府科员卢庆东奋勇前驱，激战数时，卒以众寡悬殊，致被攻陷。本县长及所属员警，最后均被围困于县府之内，死力抵御，嗣该匪由县府后右两边纷纷越墙而入，集中射击，放火焚烧，我方弹乏力疲，不得不于火光弹雨中且战且退，由官湖至西津即暂设行署，办理规划"剿匪"及地方善后。是役，科员卢庆东阵亡，县指挥部书记王以彬受伤，团丁阵亡1人，警士被俘1人，匪方亦伤数人，我常中队枪械被缴殆尽，警察队枪械亦有损失，县府后中两进均被烧毁，民房亦被焚毁一座。监所人员概被劫放，商店财富被洗劫……该匪左臂及枪口各缠红布，确系带有赤色，如非及早铲除，则燎原之势，已成危害大局，将更不堪设想。[①]

陈师亮原名陈家辙，生于1901年，是政和县杨源乡坂头村人。1927年，屏南土匪突袭坂头，全村九成厝宅被焚。26岁的陈家辙变卖田产，购买枪支，成立了农民军。陈家辙上过师范，有文化，平时喜欢听三国、水浒故事。拉起农民军队伍后，他被人们称为"赛诸葛"。后来，他便改名叫陈师亮，意为师从诸葛亮。

① 《政和县城被敌攻陷情形》，民国档案电文，存福建省档案馆。

陈师亮的农民军有400多人，集合在政和县洞宫山莲花峰。打着罗炳辉旗号的闽北独立团，在洞宫山活动大半年时间。他们帮助陈师亮扫清周边民团势力，镇压了这一带7个罪大恶极的土豪劣绅。陈师亮的农民军则在左臂系上红布带，以示成为红军。

陈师亮的这支队伍，一直被定性为受革命影响的农民自卫武装。陈师亮牺牲后，其弟陈家帆继续领导这支队伍，后来在战斗中被捕，被押解到宁德，英勇就义。

8月19日，中共福州中心市委向中央报告：“外县情形：现在外县有工作的计福安、建瓯、永泰、连江、福清、莆田、仙游等7县……有工作连（联）系者有长乐、屏南、福鼎、罗湖、寿宁、霞浦、古田等7县。”[①]

建瓯中心县委划归闽北分区委后，原县委书记张剑平下落不明，市委候补委员庄又陵奉福州中心市委命令，离开了建瓯。他“受组织委派，化名章玉、张英，到了闽东，在福安南区开展工作”，[②]接替被捕的郑眠石担任福安中心县委宣传部长。

根据有关史料记载，1933年5月初，范式人被国民党逮捕并送福州入狱，寿宁县党的力量变得十分薄弱。随后，福安中心县委派章玉（庄又陵）到寿宁，在东区做农民武装首领范铁民的工作。不久，赖金彪也来到寿宁，与在东区领导斗争的范铁民、章玉取得联系。他们在南山顶召开了有30多人参加的东区贫农团代表大会。大会开了5天，成立了寿宁县革命委员会，主席范铁民（又名林再生），副主席章玉，军委委员赖金彪……

寿宁县革命委员会，是闽东成立的第一个工农红色政权。闽东党史专家缪小宁，在研究了闽东地区党组织及福州中心市委的党史资料

① 《中共福州中心市委关于政治形势和工作情况的报告》，1932年8月19日。
② 徐志耀：《庄又陵传》，《建瓯文史资料》第17辑。

后，提出疑问："对于如此重大的历史事件，在同一时期的党内文件、机关报、市委在给党中央的报告中，为何只字未提？"[①]

闽东的党史界普遍认为，赖金彪是中央派去苏联学习，在上海受阻而来到闽东的。结合赖金彪身世，我们认为他是在"争取一省或数省首先胜利"的决策下，被隶属于罗炳辉的闽北独立团及福州中心市委秘密派来寿宁，配合东方军"把红旗插到福建"，在寿宁地区建立革命武装，繁殖红军游击队，准备扩大闽浙赣大苏区的。

赖金彪祖籍广东大埔，在福建长汀出生。他个子不高，矮小精悍，曾是罗炳辉的传令兵，从中央苏区彭杨军校毕业，在邵武县委警卫连任副连长。8月，他来到寿宁，与先期到达的庄又陵（章玉）一道，协助寿宁东区领导人范铁民开展工作。赖金彪很快以范铁民（林再生）的绿林队伍为基础，成立了闽东北工农游击第七支队，并任支队长。

当时，闽北、闽东地区涌现出名目繁多的"大刀会"组织，有大刀会、大道会、一心会、通天会、九仙会等。寿宁西区的地下党员范浚，已建立了一支红带会武装。庄又陵、赖金彪想，在革命斗争起初之时，何不利用这种群众的秘密结社组织，把广大农民武装起来呢？

中共福州中心市委秘书长曾志来到寿宁，庄又陵、赖金彪将这一想法向曾志作了汇报。曾志回忆："我和区委的同志交换意见时，他们早就有了这样的想法，认为这是一种积极的办法，只是因为这是一种封建迷信组织形式，怕上级党组织批评，不敢提出。我表示，效仿这种形式，等于利用'旧瓶装新酒'，酒的性质不一样，为什么不可以利用呢？只要对'五抗'斗争有利，对武装农民有利，我们就可以大胆地干。封建迷信的东西，经过改头换面，用来对抗地主豪绅和国民党反动派，就绝不是封建迷信的内容了。为了与地主反动派武装'大

① 缪小宁：《闽东苏维埃1934（上）》，中央党史出版社，2014年10月，第300页。

刀会’有所区别，我们将这一农民武装组织名称定名为‘红带会’，因为红色表示革命。”[①]

寿宁县的革命形势，迅速出现了发展的面貌。“据统计，截至1933年夏，全县共有64个村建立了苏维埃政府，开创了一片比较巩固的苏维埃区域。”[②]

在闽东的革命者中，只有赖金彪受过军校专业培训。寿宁县以“红带会”名义创建红军的经验，迅速在闽东地区推广。赖金彪由此得到一个“寿宁师傅”的雅号。

建瓯的党组织，已接受闽北分区委领导。东方军打到了洋口，通知各地游击队，到洋口领取枪支弹药。黄可英率领20多名游击队员，星夜赶到洋口，领回长短枪20多支，将西区的游击队员集中在吉阳的北洋塘集训，准备举行武装暴动。

黄可英在建瓯县东区，成立了苏维埃政权。《中共建瓯市委、建瓯市人民政府关于要求呈报确认建瓯市为中央苏区县的请示》载：“1933年8月，时任建瓯中心县委委员的黄可英在建瓯东区上范村建立区苏维埃政府，黄可英任区苏主席，叶滋培任东茇乡（即今东游镇）农会会长，叶丰任副会长。现辖建瓯境内的迪口、玉山、水源、川石、东游、小桥、东峰7个乡镇靠近邻县的边界区域，面积约937.96平方公里。”[③]

黄可英、杨则仕还从东平一带农协中，挑选出20多名立场坚定、勇敢精悍的骨干，成立了政和县第一支半公开的赤色农会游击队伍。他们组织建瓯东区及政和东平的十多名农会骨干，组成赴闽北苏区参观团。参观团成员装扮成樵夫，从东游经建瓯、建阳，到达崇安澄溪时，

① 曾志：《一个革命的幸存者：曾志回忆录》，四川人民出版社，2020年4月。

② 缪小宁：《闽东苏维埃1934（上）》，中共党史出版社出版，2014年10月，第300页。

③ 中共建瓯市委、建瓯市人民政府：《建瓯县申报中央苏区县请示报告及附件材料》，2012年3月20日。

遭大刀会封锁阻击，被迫撤回。

屏南县党史部门考证，1933 年也有一支红军队伍，来到屏古瓯三县交界的上圪村，坚持了两年时间。

屏南县仙山牧场，现属于上圪行政村。从大坂向西下山，顺着山沟走，就到了上圪村。村头不远处的陡坡上，有个叫“大石垄”的天然石洞，坐南朝北。主洞由两块巨石和数块大石围堵而成，洞口呈“人”字形，洞深 21 米、宽 5 米、高 3.3 米，可同时能容纳三四十人。石洞尽头右上角有一个形状不规则“天窗”，一股清泉从“天窗”顺流而下，汇入到一个人工围成的水池中，常年不干涸。石洞四周，山高林密，竹林成片。沿着石洞“天窗”爬出，即可通向后山。

上圪村的“红军洞”

上圪村这个石洞，当地人称作“红军洞”。那支驻扎在仙山的红军游击队有 300 多人，他们“来到上圪村及附近一带开展革命活动，就驻扎在此山洞及周边山厂中，战士们在洞口用石头结灶，靠炭火烧饭生活，坚持了两年时间，因此被后人称为‘红军洞’”。[①]

驻扎在仙山的这支神秘的红军游击队，是独立团繁殖的一支红军游击队。曾有一位红军战士在建瓯河岭村受了重伤，当时不能随军医疗，又不能公开在村里治伤，红军领导只好安排人将伤员隐藏在岩洞里，治伤一个多月。当地群众白天采药，晚上送饭与疗伤。伤愈后，群众将这个伤员偷偷送到屏南路下乡秋园自然村与天洋自然村交界的秋园亭，看着他为寻找红军，往仙山方向而去。

① 中共屏南县委党史研究室：《屏南革命遗址遗迹名录》，内部资料。

第四章　在腥风血雨中坚持斗争

1933 年 9 月 12 日，共产国际远东局从上海给中央苏区发来电报，提出："要知道，我们还有两周时间来结束福建、赣东北地区的作战行动，为了守住已在福建占领的土地，最好在闽浙边区建立以崇安、浦城、松溪地区为主要基地的广阔的游击区。在这里，游击区的主要任务将是：阻止福建军队向西北的任何推进，做到这一点的最好办法，是从上述基地威胁建瓯、屏南、古田地区……"[①]

9 月 17 日，《苏区中央局转发中央对游击队任务与对敌策略指示》，要求红军游击队"牵制福建军队向西北方的任何进展，从上述的根据地来威吓建瓯、屏南、古田，便是执行这一任务的最好办法"。[②]

国民党第十九路军与红军作战接连受挫，也思考着万全之策。"福建事变"的实际领导者陈铭枢回忆："其时十九路军处境困难，蒋（光鼐）、蔡（廷锴）要求一致合作、抗日反蒋，早具决心……催我迅速同中共谈判，以免夜长梦多，发生意外。"陈铭枢请来了陈公培抵达福州，想办法到闽北前线向红军求和。陈公培是中共早期党员，曾任北伐革命军第四军政治部副主任，参加过南昌起义，失败后与党组织失去联系。

9 月中旬，陈公培随蔡廷锴抵达古田县水口补充师师部，他持着蔡廷锴开的令沿途军队放行的便条，化装成农民，经葫芦山、吉溪、夏道，

① 中央党史和文献研究室第一部编：《联共（布）、共产国际与中国苏维埃运动（1931–1937）》，第 10 卷，中共党史出版社。

② 1933 年中央文件，存于北京中央档案馆。

于22日在延平西芹遇上红军。

9月23日上午，彭德怀、滕代远、袁国平根据中央来电，与陈公培在王台司令部隔壁八角楼举行谈判，史称王台谈判。

彭德怀等人按照中央局来电，提出共同抗日的三个先决条件："停止军事进攻与经济封锁""释放在福建狱中的关押政治犯，及保证反帝运动及反帝组织之自由""发表反日及反蒋政治宣言"。同时，在军事上又提出具体要求："沙县原为蒋（介石）系卢兴邦防地，19路军主力应退出，撤至尤溪、尤溪口、水口之线""延平之谭（启秀）师须退至水口""不干涉红军现已占领与围困福建地区蒋（介石）系走狗刘和鼎、周志群全部防地"。[①]

由于双方都以"共同抗日三条件"作为谈判政治基础，都把"抗日反蒋"作为共同奋斗目标，都有化干戈为玉帛的务实态度，所以谈判不到一天就获得成功。

9月25日，敌第八纵队3个师向黎川县城发起进攻。由于中央苏区内部兵力空虚，闽赣省首府黎川很快失守。彭德怀、滕代远率师日夜兼程，火速返回建黎泰地区作战。

彭德怀率领东方军刚离开，驻建瓯国民党第五十六师、地方保安团和地主民团武装，便反扑过来。

建瓯西区北洋塘地主池进金，收买去洋口接枪的游击队员池瑞正。这天晚上，闽北工农游击队第一支队30多名游击队员，正在溪后榜门山坪厂开会，池瑞正引国民党五十六师和吉阳地主葛伯亮民团几百人，包围了红军游击队驻地。游击队员们奋勇应战，但多数队员殉难。队长张沐受重伤，后转到福州治疗。

不久，"福建事变"爆发。11月20日上午，蒋光鼐、蔡廷锴等人在福州南校场（今五一广场）召开"中国全国人民临时代表大会"，

① 《彭、滕、袁对公培谈话之概略报告》，1933年9月23日。

宣布中华共和国人民革命政府成立。

“福建事变”让蒋介石十分恐慌。他既害怕国民党地方实力派效仿十九路军，又害怕红军主力与十九路军联合起来作战。蒋介石决定先下手为强，采取军事手段解决十九路军兵变。他从“围剿”中央苏区的北路军，抽调出 11 个整编师，“由赣、浙边区分道入闽”，云集到闽北地区。10万蒋介石的精锐嫡系部队，在延平至古田一线布开阵线。12 月 25 日，蒋介石带着宋美龄和德国军事顾问，由南昌飞抵浦城，设立行营，坐镇指挥。

1934 年 1 月 2 日，中革军委下达《对三、七、九军团之动作指示》，决定以红三军团第四师、五师、六师，红七军团第十九师和红三十四师重组东方军，由彭德怀、杨尚昆率领，再次入闽作战。[①]

闽赣省成立时，闽北分区委书记黄道调黎川，任省委宣传部长、秘书长。闽北独立师也被整编为红七军团二十师五十八团，调到抚河以东地区作战。第五次反“围剿”战役打响。闽赣省首府黎川失守，省委机关被迫撤往建宁。黄道率领省委代表团，留在了抚东地区活动。

国民党军队向闽北运动时，闽赣省委和红七军团指示，黄立贵率领红五十八团，奉命护送黄道率领的省委代表团，从抚东地区返回闽北老苏区崇安。他们刚回到闽北苏区首府大安，就接到红七军团电令，要求团长黄立贵率红五十八团，立即挺进到建瓯一线。

国民党蒋介石入闽“讨逆军”，中华共和国人民革命政府“人民革命军”第十九路军，中华苏维埃共和国工农红军“东方军”，都云集在闽北。这里，上演了一出短暂的“三国演义”。

1 月 5 日上午，在山炮射击、飞机轰炸掩护下，宋希廉第三十六师攻占九峰山，刘和鼎率第五十六师从玉屏山向延平城发起进攻。到

① 毛立红：《东方军入闽作战与中央苏区第五次反“围剿”》，《军事历史研究》2014 年第 2 期。

傍晚6时，十九路军第五师师长司徒非宣布投降。同一日，张治中率八十七、八十八两师，从建瓯玉山，经古田西溪，攻占古田县城。1月7日，李延年第九师、李默奄第十师和李玉堂第三师，直取水口。水口之战，第十九路军谭启秀部也是毫无斗志，一天时间即告战事结束。水口失守，福建新政府和十九路军放弃了固守福州的计划，“火速向闽南撤退”。

配合国民党嫡系部队作战，驻闽北的国民党保安团与地主民团武装，反扑过来，对地下党和红军游击队严密“清剿”。

1月份的一天，黄可英和杨则仕带领政和东平一支20多人的游击队伍，携带手枪及土铳、梭镖，到瓯南水吉、龙安一带，打土豪筹款，为红军游击队筹集经费。当他们返回路经茶筒岭时，遭到国民党民团武装伏击，黄可英、杨则仕掩护战友撤离。战斗中，黄可英壮烈牺牲，杨则仕被俘。

黄立贵率领红五十八团，到达建瓯一带。国民党“讨逆军”主力，追着十九路军的屁股，已向福州而去。建瓯地下党负责人詹何（即詹楚材）回忆，黄立贵率部从“松溪、政和边境，直抵建瓯东区的东游、水北至玉山，杀了玉山恶霸沈福臣、黄应甲、练则曾3人”。[①] 黄立贵的部队从玉山到迪口，然后去了古田。

2月间，红五十八团从古田县返回，在建瓯迪口一带活动。“涉足的村庄就有王地、杉洋、霞庄、坑头、西坑、下房、黄村、值源、中田、岩下、可建等村庄。”[②]

黄立贵率领红五十八团在王地村，“国民党保四团100多人枪从迪口出发，到王地村尾便架起机枪，向村中连续扫射达2个多小时。红军未与敌人拼实力，只是神速地掩护着群众向村头撤退上山。敌人

① 詹楚材：《第一次大革命时期建瓯地下党活动的点滴见闻》，《建瓯文史资料》1981年第2期。

② 叶夏汉主编：《迪口革命老区》，南新出内部书报刊98044号。

待村中人去楼空时，方才进村，并向部分有土墙的屋内扔手榴弹，然后洗劫百姓的财产，鸡鸭猪羊等均被抢掠一空。劫后，村民拣起敌人扫射留下的铜质弹壳足有一大篓筐，但红军和老百姓均未有伤亡”。[①]

黄立贵这次行动中，在迪口发展建立起一支红军游击队，命名为迪口游击队，留在当地活动。老红军陈邦兴回忆：“1934 年，参加迪口游击队（建瓯南雅口上边），开始时只 14 人，指导员是叶子生（又名叶子兴），我跟他当通讯员，这时枪只有七八支，上面是属黄道、黄立贵领导，以后他们在古田一带打了之后退却，我们还留在迪口牵制敌人，所以当时叫作迪口游击队。当时我们的任务就是牵制敌人。”[②]

彭德怀率领的东方军主力二次入闽，尚未与十九路军见面，“福建事变”就被平息了，随即返回中央根据地。黄立贵率红五十八团到达顺昌一带时，受强敌所阻，也返回闽北苏区。

在敌人重兵压境的腥风血雨中，闽东北地区的党组织与上级联系不畅。

1934 年初，中共福州中心市委遭国民党宪兵四团破坏，闽东北的地下党组织，失去与上级的联系。《林野关于恢复福州市工作意见——福州党组织被破坏情况》指出：“建瓯虽然没有红军掩护，但因为工作同志分散于松、政，居无定所，没有一定的通讯处，也不易破坏的。”林野还建议：“建瓯与闽北苏区经常有交通来往，从闽北苏区里也可以找到关系。”“由闽东北红军中，招一批勇敢积极忠实的同志，组织特务队，解决叛徒。”“找外线的联系，闽北的可由闽北苏区里找，闽东的要艰苦地打通交通（因为武装冲突的严重，闽东没有一定的通

① 叶夏汉主编：《迪口革命老区》，南新出内部书报刊 98044 号。

② 陈邦兴：《忆南古瓯地区红军活动片断》，《闽北党史回忆集》第 1 期，内部刊物，1959 年 2 月 15 日。

讯处，就算有也是叛徒知道的）。”[①]

闽东北的党组织和红军游击队，完全成了一支孤军奋战的队伍。

在仙山地区，流传着一个美丽的神话故事。

仙山脚下，生长着一个心地善良的少年，名字叫王水。王水幼年父母丧世，靠给人放牧为生。

一天，王水放牧来到仙山顶，看见八位老人端坐在一块巨石上下棋。王水砍下毛竹，做成竹筒，到山涧打来泉水，让老人饮用。他站在旁边，观看老人下棋，入定了神。一位老者对王水说：“我们肚子饿了，山弯处有一棵桃树，你去把树上的桃子摘来吧。”王水顺着老人指点，走到山弯，果然见到有一棵桃树，树上结有9个蜜桃，8个又红又大，只有一个很小，还被虫咬烂了。王水心想，9个桃子，大的8个给老人吃，这个被虫咬烂的，我就先吃了吧。他上到山顶，将8个大桃，恭恭敬敬地递给老人。一个老人说：“王水啊，我记得树上有9个桃，怎么只剩8个了？”王水说：“有一个又小又被虫咬的，我人小就先吃了，大的好的都留给大人吃。”

这八位老人，便是吕洞宾、张果老等八仙。此前，八仙已将仙力，点化到王水吃的那只烂桃子上。王水吃后，便得道成仙了。

“牧童让桃善心显，洞宾举荐成九仙”。鹫峰山脉主峰九仙山顶，建有一座九仙庙，三年游击战争期间，被国民党军队焚毁了。1989年，村民们自发募捐，在山顶岩下又兴建了新庙。庙里，供奉着八仙和第九仙王水。屏南、建瓯一带的群众每年都翻山越岭来聚集，举办庙会。不过，屏南人称九仙叫王水，建瓯人则称九仙为王子。

民国是一个非常混乱的年代，匪患祸民。屏南、古田、政和等闽东北各县，匪患横行，为闽之首。这些土匪武装四处打家劫舍、拦路劫财、

① 《林野关于恢复福州市工作的意见——福州党组织被破坏情况》，1934年4月20日。

绑架勒索，经常骚扰地方，危害群众。

在闽东北地区农村，为了对付猖獗的土匪，兴起了名目繁多的“大刀会”组织。他们都用“保境平安”为旗帜，用“刀枪不入”蛊惑人心，靠供奉某一位神灵，动员乡村民众团结在会旗下，抵抗土匪和各种势力。这样的一种封建迷信面具，对没有文化的山区农民具有极强的煽动力，很容易为贫苦农民所接受。

在土地革命战争的腥风血雨中，闽东北地区的地下党组织，很早就利用“大刀会”组织开展农民运动。1933 年 2 月，福州中心市委向中央的工作报告中说：“……建瓯游击队组织起来，没有军事人才，这次犯了联合大刀会上层的勾结，大刀会打农村，县委以为我们打土豪，以后得到实际实事，才懂得大刀会的行动。现在有信，要求市委、要求中央派红军打建瓯（不妨碍打江西的军事），这不简单的，完全机会主义的思想错误。”①

“王子会”起源于古田县，发起人叫萧兴豹。萧兴豹以“王子”自称，以抗捐抵税、反对官府、防治土匪为号召，在古田西北部山区设坛传教。他们带领山区农民揭竿而起。古田县的“王子会”，于 1934 年被古田县当局取缔，但周边地区仍有活动。

老红军王启高是屏南县甘棠乡彩虹村人，这个村与古田县平湖镇、凤埔乡相邻。他回忆：“我是从参加‘王子会’后走上革命道路的。1934 年，屏南、古田农村盗匪群起，为了防御土匪的骚扰，许多乡村都组织了‘王子会’，我和村里 20 多名青壮年参加，师傅是古厦村的陈国祥和洋头寨的甘国蓬……我参加不久，就和村里的六七个会徒跟着师傅被调集到古田县平湖、凤埔一带防匪，在那里住了六七个月，由古田县侦察队长余学明（红心白皮的共产党人）领导。枪支是民团

① 中共建瓯县委党史资料征集办公室：《党史参考资料》第 2 期，1982 年 12 月 1 日。

借给，吃住费用由国民党政府通知区、乡、保发给。1935 年 10 月间，余学明、陈国祥、甘国蓬等秘密带我们到周宁县的柿洋村（口述译音），会见了闽东游击队叶飞同志。这时我才知道我的师傅和余学明是共产党人。从此，我们表面上搞‘王子会’活动，暗中做扩大游击区工作，发展交通员，筹集物资、弹药支持游击队和侦察国民党军队行动等。”[①]

大坂厂交通站萧茂忠，与仙山地区的地下党员，在白色恐怖下，也借助“王子会”外壳，在屏古瓯边区坚持革命斗争。他们化装成“王子会”师傅，奔波在仙山地区，分化地方派势力，在农会会员中发展交通员、接头户，暗中为驻扎在上圪村“红军洞”及周边山厂的红军游击队，筹集粮食、物资，传送情报，创造有利于游击队生存的环境。同时，在游击队保护下，打着“王子会”旗号作掩护，在村寨成立联防队，组织群众团结起来，对抗官府派税抓丁，抵抗土匪侵村袭寨。

建瓯市档案馆里，有一份民政局 1953 年 34 号卷宗，为两页手写《建瓯县第十区盛地乡老区情况调查表》。中华人民共和国成立初期，建瓯县第十区盛地乡，共有半山、宝坑、半溪、瓯头、东山、盛地、天洋、坪洋、鱼塘、上面等 10 个自然村组成，分布在主峰九仙山脚下。现在，这 10 个村归建瓯东游镇管辖。

这份调查表上，10 个村在“革命领导人”栏都写着：1934 年 9 月至 1935 年 5 月，一个名字叫“王滋”的革命领导人，“到村组织主任、书记、侦探队”，或者组织“贫农团”“通信站”。王滋即为王子的谐音。

这份档案里，“半山村”一栏里还记载，屏南县发竹坑、酱元里、芳院村一带的革命活动，是由盛地乡半山村贫农团组织起来的。这张薄薄的纸片，为发竹坑人民的革命斗争正了名。

仙山脚下的发竹坑，是屏南县路下乡一个偏僻小山村。20 世纪 30 年代初，盘踞建瓯境内以卓宝明为首的一股土匪，到发竹坑来抢劫，

① 王启高：《老红军王启高革命回忆录》，《屏南文史资料》第 7 辑。

放牧在山上的26头黄牛被抢走了22头。青年村民黄起铨召集大家商讨对策，认为这股土匪武器只有土枪木棍，乃乌合之众，不必畏惧。黄起铨带领全村18至50岁的村民30多人，集中土铳、鸟枪、尖刀、木棍等武器，一路追赶到建瓯境内的黄厝圪村郑丘地处，追上这股土匪，并冲上去与之激战。土匪被突然袭击，惊慌失措，部分耕牛被夺回。战斗快要胜利时，不料又冒出一股李志渊匪徒40多人。发竹坑群众受两股土匪前后夹击，牺牲1人、受伤2人，匪方也受伤3人。

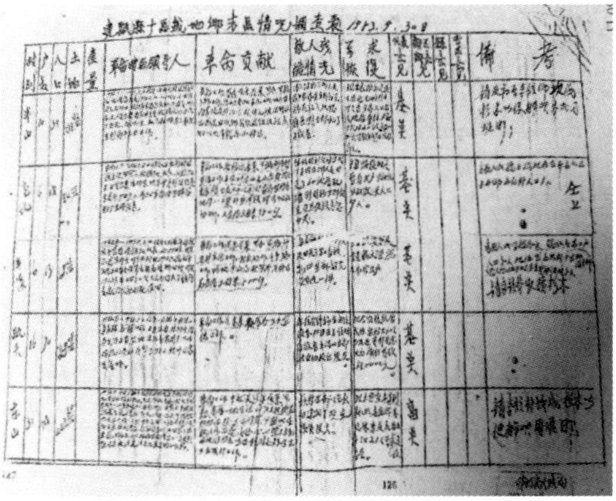

建瓯县民政局1953年34号案卷

发竹坑群众为了保护生命财产，在这次与匪徒战斗之后，走上了抗匪自卫之路。村民推举黄起铨为负责人，陈日盛为文书，周以贡管理武器弹药，成立村联防队。他们除集资外，向亲戚借贷，并规定凡在发竹坑收租的地主，都要交地租中两成作为经费。他们购买土枪、土炮，修筑围墙、碉堡、栅门，组织壮丁日夜轮流巡逻守卫。与建瓯交界的天洋、际下、半山等村庄，也效仿发竹坑做法，组织村民起来防匪保家。

屏南县的大土匪徐邦基，率领匪徒100多人来攻打发竹坑，5昼夜围攻不下，又围困了20多天。发竹坑的联防群众，打死匪徒3人、伤十余人。时值插秧季节，群众利用每晚匪徒围攻松懈，除留一部分人放哨，其余全部下田插秧。邻村的联防队纷纷赶来支援，终于打退了这股匪徒。

让发竹坑更加名声大振的，是抗日战争时期，国民党正规军两个营，围攻发竹坑两个多月，竟被黄起铨带领联防队员死死顶住，硬是攻不下来。

发竹坑及屏古瓯交界的村庄，群众为了自卫保家，“除组织群众联防外，同时兴起‘大刀会’‘王子会’，以打击土匪。”。[1] 由于没有资料说明这里的“王子会”是党暗中领导下的“赤色大刀会”，发竹坑人民反抗斗争，一直被定性为群众自发抗争的革命行动。

在白色恐怖下，坚持在这里武装斗争的地下党、游击队，还派人打入到敌人内部，做统一战线的工作。

仙山脚下的古田县西溪村，有位枭雄式人物叫卢光珠。他早年做木材生意，将在闽东北收购的木材，扎制成木排顺着闽江漂运到福州贩卖。有一年，福建发生罕见洪水灾害，卢光珠收购的木材，大部分被洪水卷走。他变卖剩下的木材，购回几条枪，带着几个人，投奔了古田著匪钱玉光。钱玉光利用军阀割据形成的权力真空，正打着省防军旗号扩大队伍，活动于古田、闽清一带，向富豪派款，急需枪支。另一名古田凤都人张春光，赌博欠下巨债，也来投奔钱玉光。

三个人义结金兰，以“光”字辈相论，卢光珠改名为卢成光。“古田三光”密切配合，很快将队伍聚到数百人，编为古田补充团，加入闽北军阀卢兴邦部，钱玉光任团长，卢成光、张春光均为营长。从此，“古田三光”靠土匪武装，操控了古田县地方政权。

“古田三光”之一卢成光

1928 年秋收时节，中共福州市委派黄孝敏回家乡平湖成立古田特支，发动农民运动，引起古田县当局恐慌。“国民党指派钱玉光部一营部队（营长卢成光），前来平湖‘围剿’，队伍开到离平湖 10 里的桃州村埋锅做饭，一个桃州村的农会会

① 林光税：《发竹坑人民从反迫害斗争走向革命》，《屏南县文史资料》第 6 辑。

员从一个士兵嘴里得知，这次军队行动是到平湖抓捕‘阴谋造反的共产党’。他便急忙赶到平湖，通知我们赶快转移。事发突然，仓促之中，我们连忙将文件、传单、农会会员册烧了，油印机埋了，特支成员分头疏散……国民党军队到平湖以后，包围了黄孝敏的家，先后逮捕了黄孝敏的二兄黄孝治、大嫂徐金菊及黄孝敏的母亲，把他们关在卢营营部文昌宫，吊打逼供，后来花了600块光洋才将人赎出。与此同时，还逮捕了20多名农会会员，后经各村作保，方才释放。”[①]

不久，钱玉光的队伍发展为福建省防军暂编第1旅，钱玉光任旅长，卢成光、张春光都升任团长，派到崇安“围剿”闽北苏区。由于闽北红军主力在“立三错误路线”下调入赣东北，苏区只留下两个连的武装编为赤警营，防御力量薄弱，钱玉光旅在江西汤恩伯部两个团配合下，疯狂向闽北苏区进攻。到年底，闽北苏区大片土地丧失。

直至方志敏率红十军两次入闽作战，大败了钱玉光旅，闽北苏区才又蓬勃发展起来。

陈仪入闽主政后，钱玉光旅缩编为省保安第五团，调防到闽中地区。“古田三光”对这一结局表示不满。钱玉光离开军队，到福州开“人寿布店”。张春光带着一部分人马回到凤都，重新为匪，占山为王。卢成光担任了保五团团长，无奈地带着队伍离开家乡，团部进驻到德化县城。

保五团官兵，多数是在古田土生土长的。古田县地下党派人打入保安团内部，利用官兵恋土情结，秘密开展统战工作。

① 黄增琦：《1927年的平湖农民运动》，《古田党史资料》1983年第1期。

第五章　抗日先遣队擦肩闽东北

国民党军队第五次“围剿”，采取堡垒战术步步蚕食苏区。为调敌北上，1934 年 6 月，中共中央决定红七军团组成北上抗日先遣队。中央制定的《作战训令》中，红七军团作战动作的预定计划是：“第一步是由瑞金出动，经连城之北，到达福州、延平间之闽江流域……第二步是渡过闽江后，经由古田、庆元、遂昌向浙西前进，当经过古田、屏南、寿宁时，应与福宁各属及政和游击队取得联络，并应巩固这一地区，尽可能与我闽北的部队而特别是建瓯河西之五十八团设法取得联系。”[①] 中央在《政治训令》中要求：“对于在闽中闽北的赤色游击队，只要有最小的可能，应该与他们取得联系，给他们政治上组织上一切必要的帮助，以开展广泛的游击战争，壮大这些游击队及使他们建立苏维埃的根据地。对于闽浙的秘密党的组织亦必须和他们取得联系，而在那些经过而不长期留住的地方，当地的党组织不应公开起来，而应保持秘密的状态……”[②]

7 月 4 日，红九军团长罗炳辉接到中革军委命令，在红九军团军部驻地，与红七军团长寻淮洲、政委乐少华等人，研究掩护红七军团北上抗日行动计划。在罗炳辉主持下，“军团召开排以上干部会议，动员新的任务，要向东部战线行动……军委经兵站线运给我军的福建

① 《中央政治书记处、中央政府人民委员会、中革军委会关于组织北上抗日先遣队给七军团作战任务的训令》，1934 年 7 月，中央档案馆馆藏。

② 《中共中央关于开辟浙皖闽赣苏区给七军团的政治训令》，1934 年 7 月 5 日，中央档案馆馆藏。

十万分之一军用地图，参谋处的同志连夜分发各营一份”。[①]

7 月 6 日晚，红七军团离开瑞金，开始按预定计划，执行北上抗日任务。他们经过长汀、连城、永安县境，打下大田县城，经尤溪以东，进到闽中地区。随后，红七军团与红九军团在永安小陶镇会师。罗炳辉率红九军团在侧翼，掩护红七军团北上。

在中央的预定计划中，原来没有攻打大田县任务。红七军团派出一部，突袭了大田县城。大田只驻有保安第五团卢成光部一个加强连，兵力空虚。国民党县长陈敬获悉红军大队人马杀来，带着一个排兵逃往保五团团部所在地德化县，另外两个排逃往该县南部靠近永春、漳平两县的谢洋，断后的一个排也在营副官邱秋星带领下弃城而逃。红七军团不费一枪一弹，进驻大田县城，缴获步枪十余支、无线电台和电影机各 1 架、食盐 1 万余斤。[②]

红七军团进入福建后，中革军委通过闽北电台，命令红七军团第五十八团和罗炳辉独立团，开赴建松政地区，开展游击战争，配合与掩护红七军团行动。

18 日，《闽北致朱主席来电——五十八团、独立团等在建浦活动并发展游击战争与扩红》电文中，闽北分区向中革军委报告这两个团情况：“五十八团与独立团立即在建浦间活动。令五十八团向松政发展游击战争，独立团即回转两建（建瓯、建阳）间活动。……六七两月扩大红军 830 多名，三分之二补充五十八团，三分之一补充了独立团，其他都是补充独立二团及各县独立营。现计划八、九、十三个月扩大红军 1000 名，完全集中到五十八团、独立团去。”

红五十八团团长黄立贵、政委陈一率领 800 多名红军（含随军工作团 30 人），从崇安上梅出发，克建阳回潭，攻水吉，连下外屯、杭

① 林伟：《“战略骑兵”的足迹》，战士出版社，1983 年 10 月。

② 中共福州市仓山区委党史和地方志研究室：《中国工农红军北上抗日先遣队在福建》，中共党史出版社，2019 年 11 月，第 151、152 页。

头、北坑，一路雄风，向建松政地区运动。他们按时到达了建松政地区。政和县特支得悉中央红军到来，派出农会骨干到牛岭头迎接，充当向导。红五十八团在农会配合下，直接挺进到东平镇西表村，与长期坚持敌后领导农民运动的杨则仕会合，一举攻克政和县西路重镇东平。在不到10天时间里，红军以迅雷不及掩耳之势，先后摧毁政和护田、石屯，松溪梅口、路桥、郑墩，水吉樟墩、杭头，浦城水北、濠村、石陂等地的地主民团武装和区、镇、乡政权，在这些地方成立农会，发展党员。

建松政地区党员人数很快增至200多人。根据闽北分区委指示，建松政中心区委扩建为县委，由随军工作团团长滕加礼任书记，杨则仕任副书记兼组织部长。

中革军委与闽北来电中提到的另一支部队——独立团，正在建阳、浦城一带活动，也回师闽东北地区。

屏南县党史载，1934年7月，“屏南党组织派人到县城西北三十里的政和县岭根村，向进驻该村的红军游击队领取来一批枪弹，转运到屏南东南部的忠洋地区，组织武装力量，准备举行暴动”。[①] 岭根村是政和县洞宫山地区的一个村庄，属于陈家辙的地盘。独立团主力驻在岭根村。地下党与仙山游击队到岭根村领来一批枪支，运到屏南忠洋地区，准备到那一带组织武装暴动。

这些情况表明，红七军团渡过闽江后，“当经过古田、屏南、寿宁时”，似乎要在这里上演一场大戏。蒋介石对中央苏区实施的“铁桶计划”，让这出大戏改写了剧本。

红七军团从尤溪口渡过闽江后，占领了闽江上重镇水口。这时，中革军委发来电报新指示，要求红七军团在水口公开亮出“北上抗日先遣队”旗帜，出发去攻打福州。红七军团没有按既定计划，去完成

① 甘妙坚：《屏南县党史大事记要（1919年—1945年9月）》，《屏南县党史资料与研究》1987年第1期。

巩固古田、屏南、寿宁的作战任务，开始折向进军福州。红九军团完成了护送任务后，挑着在樟湖坂缴获的数万斤食盐，奉命返回中央根据地。

政委乐少华在《红军抗日先遣队北上经过的报告》中回忆，红七军团公开打出抗日先遣队旗帜后，“当时我们对外都是以政治委员方志敏和司令员罗炳辉的名义出面的，所以敌人只知方、罗、刘英”。[①] 国民党八十七师王敬久部在与红军北上抗日先遣队作战时，称呼红七军团是罗炳辉的部队。

抗日先遣队攻打福州失利，从连江、罗源，进入到闽东地区。8月22日，他们打下福安穆阳镇后，离开了闽东游击区，北上浙西南。

挺进在闽东北活动的独立团，公开打出军团长罗炳辉、政委方志敏的旗号。

屏南县党史记载，8月底，驻屏南县国民党福建保安第九团第二营两个连士兵，在屏南县党组织和游击队策反下，毅然举旗起义。他们在陈飞龙率领下，果断杀死营长彭德成和连长熊某，焚烧国民党屏南县政府门楼，打开监牢，释放囚犯，拉起队伍直奔政和，寻找红军北上抗日先遣队。

哗变的这两个连士兵，与打着罗炳辉、方志敏旗号的独立团会合一处，先到建瓯东游，后来到政和洞宫山聚集。

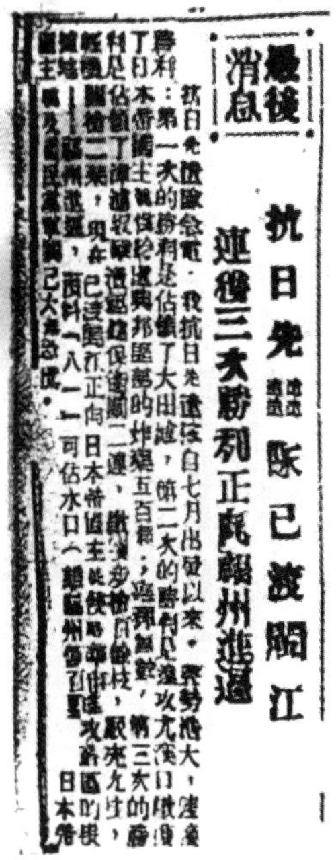
最後消息
抗日先遣隊已渡閩江
連獲三大勝利正向福州進逼

《红色中华》报道

红七军团袭击大田县城后，卢成光保安第五团追踪到连江、罗源一带。中共闽东特

① 方志敏、邵式平等：《回忆闽浙赣苏区》，江西人民出版社，1983年12月，第267页。

委关于闽东形势的报告记载：“连江、罗源驻保安团两团人，第五团的士兵，因闹发清欠饷于8月份已全团哗变并和国民党的队伍打了一天，现有一部分拖枪到红三团来，一部分被国民党军队冲散，还有一营回古田去。那时是要到红三团来的，因三团长不是魏耿同志（注：古田人，后叛变），因此他们回古田去，不过这一营是很有可能回到红三团来，在经过罗源时，已和罗源党发生关系。”①

古田西溪村的《卢氏族谱》记载，卢成光“率全团起义，投奔共产党，通过红军地下联络员卢亨俊（同族侄）与红军首长取得联系，被副团长蔡波告密，起义失败”。

十字架上的革命烈士凌福顺

周墩县（即今周宁县），与政和洞宫山相毗邻。中华人民共和国成立后，人们在地主的家里发现了一张照片，主人公高昂着头颅，四肢被钉在十字架上，这是敌人对凌福顺凌迟时刻意拍下的。这张照片，醒目地排列在福建省革命历史纪念馆里。

凌福顺生前是闽东工农游击第十一支队长。他原是周墩县常备队士兵，认识在县警察所当巡官的年轻共产党员吴少安后加入革命组织。1934年2月，地下党组织成立周墩游击队，凌福顺被任命为队长。凌福顺打听到闽北独立团在建瓯、政和一带打了胜仗，通过秘密通道派吴锦亮接上了联系。7月，上级组织派人到周墩，召开小组骨干人员会议，决定利用抗日先遣队北上之机，建立武装，筹划财政，策动兵变。8月，闽东临时特委将周墩游击队改编为闽东工农游击第十一支队，凌福顺

① 《中共闽东特委关于闽东形势及党的组织情况的报告》，1934年11月18日。

任队长。9月，凌福顺率领第十一支队，与打入敌人内部的兵运人员里应外合，策动周墩常备队、警察所3个排，携带枪支110支和大量子弹兵变。

闽东北地区的游击烽火，让国民党当局和土豪劣绅坐卧不安。国民党调兵遣将，指挥伍庆仁第四十九师和闽、浙保安部队，追击堵截抗日先遣队。电令驻建瓯刘和鼎第五十六师，驻古田周志群新十一师一部，分兵合进，克日赶赴政和，“围剿”聚集于洞宫山一带的红军部队与哗变士兵。

在敌众我寡、弹药不足情况下，打着罗炳辉部队旗号的独立团与起义士兵，分两路离开洞宫山，北上寻找抗日先遣队。其中一路300多人，经松溪到达浦城境，在登俊、党溪附近与进入闽北的抗日先遣队会合。

国民党的一组档案，暴露了这路部队的行踪。

9月1日，浦城县第四区长向盛开第报告，“罗炳辉的‘赤匪’300多人，枪百余杆，于本（日）上午经过高路、流源向登俊、党溪方面窜去……现上同、忠信一带人心惶惶，恐其回时抢掠。除召集壮丁各持鸟枪武器，分散黄天尖、乌石岭、船山、白岭、溪源各扼要处把守，实力单薄，悬飞派驻军跟踪追击，抽调部队前来协防‘围剿’”。

9月3日，盛开第分别密电上饶警备司令部和南昌行营委员会蒋介石，独立四十五旅之“七三五团本日已由石陂往援(仙阳)，明日可到……松政‘赤匪’，似有大举攻浦，与崇安连击之企图”。[①]

9月4日，抗日先遣队从浙江龙泉八都西进到闽浙边境。闽北红军广浦独立营北上来到浦城县东坑桥、青草洋、庆元山一带。两支队伍会合后，一起西进浦城，经塘口、苏州凹、松树坪、东源，到达党溪、登俊。

同日，国民党浦城县第二区区长向县长快邮代电：“陷八都匪退

① 邹可樵：《红军北上抗日先遣队在浦城》，《福建党史月刊》，2010年18期。

窜溪头宝鉴寺等村……传言约有千人，中有挑担者300余担。溪头距富岭仅40余里……加以筑路员工由龙泉退入富岭，而至他乡者计数百人，市面秩序甚见纷乱……似有窜回崇安、广丰模样，电请钧鉴核，恳请分途派兵堵截，并加派部队至富岭维持秩序。”

独立团的第一批人马，到达了党溪、登俊一带，与先遣队会合。他们原打算在小梅休息时日，等待第二批人员到达。中革军委不同意，电示寻淮洲、乐少华和闽北军分区司令员李德胜。

（火急）德胜并致寻、乐：

一、七军团的任务是继续向浙西前进，不能在小梅停留等候你们的伕子了。

二、前广浦营护送的第一批伕子及新战士，如已出发党溪、小梅，则该营将新战士及伕子交七军团后，即接收七军团给闽北的下述胜利品开回闽北：A. 七军团自己用不着的杂色子弹。B. 一支轻机关枪。C. 如七军团有多的机关枪弹时则拨一千发给闽北。

三、独立团送的第二批伕子如未出发，应即停送。

四、独立团原规定在两建间活动，何以已开至崇（指崇安）东而未报告军委。①

在中革军委催促下，抗日先遣队匆忙离开了浦城。独立团继续留在松浦一带活动。

国民党驻闽北第五十六师，在派兵“围剿”松溪、政和一带的红军部队时，还派出3个营兵力，配合松溪、政和、浦城、建瓯等县地主民团共2000多人，从松溪经柯厝进入建松政根据地，企图偷袭东平。

① 朱德：《关于七军团向浙西前进和多余枪弹处理问题致李德胜并寻淮洲、乐少华电》，1934年9月1日。

黄立贵得悉敌人进攻的情报，率领红五十八团同当地游击队一道，埋伏在距东平3里地太平隘，据险与来偷袭敌人激战一天，毙伤敌200多人，缴获机枪1挺、步枪百余支及部分军需。偷袭的敌军被击溃，向松溪方向逃去。

10月中旬，建松政县委抽调各区、乡游击队、赤卫队150多人，成立建松政独立营，调红五十八团第三营营长（外号麻子、名不详）任独立营营长，池云亮为副营长，建松政县委宣传部长老龚为政委。

月底，接到闽北分区委指示：“发动党团员和积极分子组成参观团，赴闽北苏区参加庆祝十月革命节。”建松政县委立即从各机关、团体、独立营中选派党团员、积极分子120多人，组成建松政赴闽北苏区参观团，由杨则仕担任团长。参观团从政和西表出发，经水吉县外屯乡、濠村乡，到达浦城前溪，遇到2000多名大刀会徒阻击，陷入重围。黄立贵闻讯，率红五十八团主力前来解围，击溃了大刀会。

为了保证参观团安全，黄立贵率红五十八团主力，亲送参观团到闽北崇安苏区。

12月上旬，刘和鼎派五十六师第一六八旅旅长桂振远，率4000多兵众，从建瓯、水吉、松溪分三路，向建松政苏区扑来。团长黄立贵率红五十八团主力，护送建松政参迎团赴崇安未归。政委陈一带着一个连，与建松政独立营一起，保卫新苏区。由于敌我力量悬殊，东平、凤池等地相继失守。陈一率部退守西表村，在西表半岭英勇阻击，许多战士血染沙场。

大兵压境下，建松政县委和独立营领导，在开展游击战问题上发生根本分歧。县委书记滕加礼主张就地打游击，而独立营政委则主张武装全部撤回崇安老苏区。意见分歧尚未解决，独立营营长、政委便擅自将仅有的大部分兵力转移回崇安，只留下独立营副营长池云亮，带领百余人随县委行动。

建松政苏区失去武装支柱。几天后，敌人凭借优势兵力攻占西表。

独立营副营长池云亮带着十几个人转移时，被堵截的龙安民团擒获。酷刑之下，池云亮经受不住折磨，变节投降，领着敌兵来苏区搜捕抓人。

县委书记滕加礼，率独立营陈茂堂一个小分队十余人，转移到政和石门山庙。在敌人包围下，陈茂堂见大势已去，持枪胁迫部下投敌。滕加礼无奈，只身隐遁。县苏主席张顺礼，则携款潜逃至建瓯。池云亮领着敌人，到九节拢深山中的井潭“红星医院”，将 28 名医务人员和伤病员杀害。

建松政武装垮散了，苏区丧失殆尽。300 多名党员干部和革命群众，惨死在敌人屠刀下，受迫害者不计其数。苏区房屋有 1000 多间被焚烧，仅西表一地房屋被烧就达 100 多间，到处成为一片废墟。

12 月底，黄立贵率部护送赴闽北的建松政参观团返回。由于敌人一路封锁，队伍途经白水、澄溪到浦城水北，迂回浙江龙泉，攻下八都、举溪，再转战松溪攻下花桥，才回到西表。

100 多名建松政苏区骨干，望着一处处焚烧后疮痍的村庄，一座座新修扎眼的坟茔，眼含泪花，集体要求参加红军。

第六章　黄立贵两进九仙山布局

黄立贵是一位有着战略眼光的红军将领。第五次反“围剿”失利，闽北老苏区大片丢失。现在，新开辟的建松政根据地也被敌人占领。今后红军该向哪里转移呢？

雄伟壮阔的鹫峰山脉，北接由浙江延伸至福建境内的洞宫山余脉，南隔闽江与戴云山脉相望。它逶迤绵延，将闽北建瓯、延平与闽东屏南、古田自然分开。

在杨则仕协助下，黄立贵率领红五十八团，一路张贴着标语，来到了政和洞宫山。

屏南县岩后村入伍的老红军张敬银回忆：“当时是谈兵色变的时候，况且又受到国民党政府的反宣传的影响，所以全村男女青年躲避山林，只留下我和张家镇、伏岭、发朝、刘郑定等五六个人接应招待。他们一进村，秩序井然，秋毫无犯，在路弄的墙壁上刷写大幅标语，宣传工农子弟兵是为穷人谋幸福，是为推翻三座大山解放劳苦大众的部队。有一担地瓜放在路边，因人不在，他们都不敢拿去吃，到菜园里要葱蒜，找不到人，就把钱放在菜地里。到开饭时，先唱革命歌曲，然后就餐，秩序很好。我们见到这个部队，军纪严明，和蔼可亲，打从心眼里拥护。”①

岩后村的张发朝、刘郑定等人，主动为闽北红军作向导，带着他们经过宣洋、郑山村直至甘棠乡的楼下里。

---

① 《张敬银同志回忆录》，《屏南文史资料》第8期，1987年12月。

黄立贵从甘棠楼下里西行，第一次深入仙山地区。红军立即分散开来，在仙山脚下发动群众。

武装斗争、统一战线和党的领导，是战争年代克敌制胜的三大法宝。在杨则仕帮助下，黄立贵与在屏古瓯边区坚持斗争的地方党组织接上了关系。黄立贵与杨则仕收拢失散的地下党员，重建了党的组织。

大坂厂地下交通站的负责人萧茂忠，就是在这个时候，成为闽北红军独立师交通员的。

黄立贵师长来到大坂山顶。萧茂忠详细介绍了仙山地区地下党组织，在异常艰难困苦的环境中，开展农民运动，坚持武装斗争的情况。

萧茂忠

黄立贵师长打仗凶猛，人称“黄老虎”。看到“萧家老屋”独立于仙山顶，周围十多里只有这一户人家，得知在敌人白色恐怖下，萧茂忠与这里的地下党员一起，坚持用秘密的方式开展农民运动，发展统一战线，黄立贵风趣地说：“你的老家有个萧兴豹，我们队伍里有只‘萧老虎’。敌人叫我‘黄老虎’，作为革命同志，我看你是‘萧老虎’。”

“萧老虎”这个外号，在革命队伍里传开来了。

仙山地区的地下党，还向黄立贵师长汇报了保五团团长卢成光的情况：保五团追着红军抗日先遣队，在连江、罗源一带发生内讧后，卢成光带着一个特务营回到古田，驻在旧县城罗华。省保安处派来的副团长蔡波，与特务营侯营长相勾结，策划“罗华缴枪事件”。激战中，屏南籍的警卫员依弟双手开枪，掩护卢成光逃脱。侯营长带着特务营，驻扎在了西溪村。他们没有抓住卢成光，杀害了他的大儿子卢亨泰。卢成光失去兵权，失去儿子，万念俱灰，生出找红军游击队报仇的念头。

黄立贵率赣东北红十军特务营留在闽北后，曾天天与钱玉光、卢成光、张春光的暂编第一旅打仗。黄立贵感到，卢成光是闽东北枭雄，现在落魄了，但能量仍然很大，争取他，有利于打开革命工作局面，有利于地下党、游击队生存。他亲自带着红五十八团主力，打跑了驻扎在西溪的保五团特务营，为卢成光报了仇。

看到曾经让他闻风丧胆的“黄老虎”，卢成光很是惭愧。黄立贵紧握住他的手，爽朗地说：“我们是不打不相识啊！”黄立贵见卢成光处境困难，还送给他 8 块银圆。

卢成光没有接受黄立贵让他加入革命队伍的邀请，重新做起了贩卖山货的生意。他对黄立贵说：“我虽然选择的道路不同，但今后一定会帮助红军。只要是在福建，红军首长今后想到哪里，我都有办法送到哪里。”

卢成光的拜把子兄弟张春光，绿林队伍驻扎在古田县五都。五都与建瓯迪口毗邻，黄立贵建立的叶子生游击队就在这一带活动。黄立贵让卢成光给“老朋友”张春光传话，促其与红军游击队合作，至少要保持中立，做到“井水不犯河水”。

黄立贵这次在仙山地区活动时间很短。由于闽北局势紧张，黄立贵与杨则仕把在仙山地区活动的红军，共 200 多兵力，集结在建瓯玉山街，准备去与红五十八团其他部队会合，返回闽北苏区。

那是一个大雾天，红军吃过早饭，刚要向大夫岭出发。刘和鼎五十六师两个营，从小桥镇方向迎面而来。当红军发现情况不对时，600 多个敌兵已开始包围玉山街。黄立贵指挥大部分红军成功突围出去，隐蔽在山上一座破砖窑里，留下一个排断后。

敌人占领了玉山街道，负责断后的那个排，来不及撤离了。萧茂忠和玉山的地下党员，迅速帮助红军战士换上“王子会”服装，将红军战士掩护起来。等敌人走了，才把红军战士送出来，找到部队。

1935 年 1 月初，黄立贵率领红五十八团，离开仙山地区，经建松政、浦城，返回闽北苏区首府大安。

国民党独立第四十五旅，从崇安洋庄、小浆一线，天天向四渡桥发起猛烈进攻。闽北分区委组织部长曾镜冰回忆：“敌人增派独立四十五旅住崇安，差不多全旅出动来打我们堡垒，而我们只用一个排坚守，打了十多天，敌人看攻不下来弄炮来轰，这样就不行了，无法再守。中央在事先也有来指示，说万一不行的话，无法坚守崇安，可以用建松政地区作为机动地方。”①

面对重兵压境的严峻现实，闽北分区委书记黄道在大安主持召开会议，根据中央在长征前关于原地坚持游击战争，等待中央主力红军总反攻胜利的指示，经过一番激烈争论，否决了军分区司令员李德胜“红色堡垒对白色堡垒”、死守大安首府的意见，决定“主动撤出大安，依靠武夷山，依靠老区，坚持游击战争，保存有生力量，配合中央红军，争取反攻胜利”。

这年春节，闽北红军是集中在老根据地长涧源一带的山顶上度过的。春节刚过，闽北独立师成立大会在长涧源召开，会场上红旗猎猎，锣鼓喧天。

主席台由几根毛竹竿搭成。“大会开始，黄道同志先代表分区委讲话，他穿一身灰色列宁装，头戴八角帽。他讲了当时的形势，提到从电台得知，中央红军已经到了贵州遵义。他勉励大家，要坚信革命，坚持斗争。”② 接着，宣布独立师的编制序列和各级指挥员名单：师长黄立贵，政治委员卢文卿，政治部主任王助，参谋长张燕珍。独立师总计 4000 多人，下辖 4 个团。③

饶守坤原是红七军团第五师第三团第三营营长。黎川失守后，他带着队伍，留在原地坚持斗争，被敌人“堡垒战”挤压到闽北。

---

① 《曾镜冰同志对闽北革命斗争的回忆》，《福建党史资料》第 3 辑。

② 陈仁洪：《从闽北到皖南》，福建人民出版社，1985 年 5 月，第 52 页。

③ 中国人民解放军历史资料丛书编审委员会：《南方三年游击战争·闽北游击区》，解放军出版社，1993 年 8 月。

成立闽北独立师时，饶守坤这个营编入到红二团，红二团由闽北独立一团为主组成。饶守坤这个营缩编为第六连，由他任连长。

饶守坤回忆黄立贵在独立师成立大会上，作“动员讲话”的情景：

黄立贵

他高高地站在主席台上，头戴缀有红五星的军帽，身穿灰色列宁装，望着坐在山坡上一排排的队伍，高举起一挺马克辛机枪大声喊道：“大个子，站出来给大家亮个相。”一个高个子战士，腼腆地从队伍中站起来，被热烈的掌声弄得满脸通红，又慌忙地坐了下去。黄师长把手一挥，向大家说：“就是他，昨晚一个人出去，在雾中缴来一挺机枪，旁边有敌人一个班在烤火，可没看住机枪，被我们大个子顺手摸来了。同志们，我们现在的处境很困难，生活也比较艰苦。这没有什么了不起，我们要主动地打击敌人！敌人也没有什么了不起的，一个班都看不住一挺机枪，还有什么厉害的？大家要向大个子学习，要相信自己的力量，增强胜利信心！”独立师成立大会，在“向大个子学习！”“主动打击敌人！”等雷鸣般的口号声中，结束了。[①]

闽北独立师成立后，便立即分散行动。黄立贵师长要求各团，在不同方向集中打几仗，完成为崇安老根据地解围的任务后，各自分散开来，开展游击行动。活动三五个月后，再回来到桐木关一带找分区

① 中国人民解放军历史资料丛书编审委员会：《南方三年游击战争·闽北游击区》，解放军出版社，1993 年 8 月，第 121 页。

委集中。

会后，黄立贵带着独立师第一、三团，翻过武夷山，北上到铅山县境内，去打石垄周围驻在紫溪、杨村、陈坊的敌人，将其消灭。饶守坤所在的红二团向东南，在崇浦边一带牵制敌人。吴先喜率领红四团向西南，到建阳、邵武一带活动。第二、四团从两翼，配合闽北分区委机关向铅山一带转移。

黄立贵率师部和红一、三团，悄悄来到铅山县境内。

按照作战计划，由红三团担任主攻，扫除石垄周围的敌人。红三团在张团长带领下，先打紫溪，得手后又去打杨村、湖坊。他们炸碉堡，拔据点，打土豪，并将筹到的粮、款、药、盐，交给随行的游击队、赤卫军运回苏区。

黄立贵率师部和红一团打陈坊。打下陈坊后，吸引住敌人，将敌人牵制出闽北苏区。

曾镜冰是随师部行动的党代表。他猜想黄立贵是一员猛将，一定会选择敌人不备之处，出其不意来一个猛打猛攻，一下子消灭一部分敌人后，马上撤走。但事实证明，他猜错了。曾镜冰回忆：

黄立贵同志照例回到师部洗个脚，就向我提出了他的行动计划。“明天正是元宵，陈坊一带群众习惯舞龙灯，陈坊敌人外围堡垒多，硬打进去不好消灭敌人。因此，我们应采取急行军的办法，傍晚接近陈坊，遇到群众舞龙灯的，一律借用群众的龙灯、锣鼓，部队用舞龙灯的名义偷越过敌人的碉堡，直接冲进陈坊街，消灭敌人。”我听到这些计划之后，没有想到他是一个智勇双全的将军，连说了几个“好”。

第二天晚上全部计划实现。冲进了街道，首先在锣鼓喧天中抓到了敌人的哨兵，敌人哨兵莫名其妙还叫了一声“干什么”，枪已落到我们侦察员手中了，敌人哨兵也就成了我们的向导，带着我们直冲到敌人的营房门口。

敌人看到我们舞龙灯的来了，还以为我们是来向他们老爷拜年的，满不在乎。我们一排冲锋枪扫了过去，门哨与许多敌人都倒下地了，枪也全被我们缴了。另一营房敌人更麻痹，听到枪声还以为群众放爆竹，毫无防备，又被我们全部缴了枪。这一仗全部消灭敌人一个连，自己没有一个伤亡，迅速地退出了陈坊街。

守堡垒的敌人发觉了，但在夜里，根本看不见，机枪乱打一通。我们战士用诙谐的语气说："同志们，加油啊，白军士兵在放爆竹庆祝我们胜利呀！"又一些战士边走边发出异议说："敌人不是庆祝我们的胜利，而是向我们提意见，要我们回去再缴他们一些枪。"另一些同志说："你们说的都不对，我说堡垒中的敌人是向我们抗议，说我们只向街道敌人拜年，没有向他们拜年而有意见。"一路上就是这样嘻嘻哈哈地走完了自己胜利的归途。[①]

攻打陈坊后，黄立贵、曾镜冰立即率领师部和红一团，越过桐木关，爬过黄岗山，开始执行牵引敌人任务。到达太平村附近，敌人已堵住了红军去路。黄立贵让曾镜冰在后面督促部队跟上，自己带头猛冲猛打。仅一个多钟头，就把敌人一个营打散，缴了几十条枪，越过封锁线，向贵溪方向前进。

就在这一天，闽北军分区司令员李德胜以假装侦察敌情为名，在篁村叛变投敌。之后，带着敌人袭击分区委机关。闽北红军的行动计划，全部破产了，最严峻的情况出现了。

幸亏黄道早有警觉，带领分区委机关冒雨连夜搬家。李德胜带着敌人追杀过来时，吴先喜率红四团及时赶到，打退了敌人。但是，闽北红军唯一的一部电台，在战斗中损失了，从此失去了与党中央

① 曾镜冰：《忆黄立贵师长》，《闽北党史回忆集·第一集》，1959年。

的联系。

国民党军队根据李德胜所供，在通往临川的道路上部署重兵，企图消灭黄立贵率领的闽北独立师主力。在贵溪文坊耳口寨附近，国民党第十二师三个团，将黄立贵、曾镜冰率领的师部和红一团，包围在一个两面是绝壁的山谷里。

突围后，红军所过之处，到处看到张贴着标语："你们的司令员李德胜已经投诚了，谁不投降，只有死路一条。"黄立贵恍然大悟，原来李德胜已经叛变，想在他们去江西的路上，将闽北红军这支主力部队消灭。

黄立贵、曾镜冰立即命令部队改变方向，向闽东北方向前进。

4 月 2 日拂晓，黄立贵、曾镜冰率领师部和红一团，又被国民党新十一师周志群部咬住，包围在建阳黄坑的五里考。敌人占据了四面山头，越聚越多。黄立贵带领部队反复冲杀，与敌激战两昼夜，歼敌 300 多人，方冲出重围。刚翻过几座山岭，又与敌七十六师遭遇，激战十多个小时，摆脱了敌人。这两仗下来，部队伤亡过半。

黄师长和突围出来的三四百名红军，在敌人围困下，聚集在一座山顶上。他们找不到群众，搞不到粮食，无法安置伤员。连续行军打仗，已使他们衣不蔽体，满脸污垢。他们在一处天然岩洞里，蜷缩在一起。做饭，没有一粒米、一粒盐，挖来的野菜，放在开水里烫一烫，便捞出来吃。伤员没有药品治疗，伤口化脓了、生蛆了，大伙只好用泉水帮他洗一洗，折根树枝把蛆挑出来。

曾镜冰

那个独自一人缴获了敌人一挺马克沁机枪的大个子，沙哑着嗓门对黄立贵说："师长，在这活活受折磨，还不如冲下山去和敌人拼了！"

黄立贵望着这支筚路蓝缕的队伍，望着这群跟随自己出生入死的战友，发誓般地举起拳头："我黄立贵生为七尺男儿，就是死，也要杀条血路，把大家带出去，把红旗扛到底！可是，眼下我们不能轻举妄动。盲目下山，正中敌人诡计，成为自投罗网。我们要坚持下去，等待条件允许。"

在麻沙界首附近，黄立贵与邵武县委书记刘新友取得了联系。在地下党帮助下，他们分头南下邵顺建地区，转移到了华家山。黄立贵率红一团在华家山隐蔽根据地，整顿休养了一段时间。

5 月初，黄立贵率领红一团再向建松政挺进。到达政和后，第三次攻克了东平镇。

闽北红军回来了的消息，犹如春风拂面，唤醒了群众脸上的笑容。隐蔽地下斗争的同志，和陈贵芳所领导的一支游击队，从四面八方而来。

黄立贵在西表村召开干部党员大会，曾镜冰主任传达了闽北分区委关于开展游击战争的决定，并宣布成立建松政中心县委，书记由随军而来的洪坤元担任，领导老区人民重整建松政革命根据地。

此时的建松政地区，农村基层组织都被土匪和大刀会把持。最大的一支大刀会，群众称之为"林营"，头目是从寿宁来闯荡江湖的林熙明。林熙明很会利用骗术，睡觉时，他将手电筒包上红布，在薄被下拧亮，造成周身放射红光的假象，他欺骗群众说自己神光照体；或者把舌头伸得老长，犹如蛇形龙态，说自己是真龙天子降世。加上他以抗丁抗税相号召，很快聚起会徒上万人，其中武装会徒 300 多人。

黄立贵决定联合林熙明的大刀会武装。有一次，国民党军队包围了"林营"，林熙明带着会徒左冲右突，眼看就要全军覆没。黄立贵率领红军赶到，替他们解了围。林熙明千恩万谢，把黄立贵当成救命恩人，表示大刀会今后要与红军合作。

建松政局势稳定后，黄立贵带领师部和一部分红军，从建松政南下，第二次深入仙山地区，发动群众，组织贫农团，实行分田废债，创造新的根据地。

曾镜冰回忆：“他在每次决定军事行动时，都选择人民群众最穷苦的地区作为我们的活动地区，如闽东北屏南县。因为这个地区大部分群众是贫雇农，群众容易发动，同时将当地的地主恶霸作为斗争目标，哪怕困难再多，他也向这些目标打击。所以每次行动，都得到胜利。特别是新区，我们是从未到过的，群众对我们了解不够，他每次宿营时，总是照例挨家挨户地访贫问苦，首先总是自我介绍，并说明红军是工农的队伍，部队如有违反纪律，就向我作报告。其次他在访问中也了解群众的各种情况，启发其觉悟，进而了解敌情。所以每到一地，他所了解的敌情，总比参谋要清楚些。”①

建松政根据地的恢复与红军在仙山地区的频繁活动，让闽北绥靖区司令长官刘和鼎坐卧不安。刘和鼎派国民党五十六师桂振远旅及第三三五团，多次到建松政地区“兜剿”红军游击队。县委书记洪坤元在群众掩护下，如鱼得水，活动自如。敌人只闻其名，不见其人，每次行动，都屡屡扑空。

国民党保安团派出特务，花费重金收买了盘踞在瓯南的大刀会头目，并许诺见到洪坤元头颅后，再付给赏金 1000 块大洋。在国民党特务重金诱惑下，瓯南大刀会配合国民党保安团，突然向建松政地区发动进攻。

6 月初，瓯南大刀会、保安团和水吉地主民团 1000 多人，向政和西表村进攻。大刀会头目将政和西表保长马理成抓到外屯，要他交出洪坤元。因为马理成不知道洪坤元下落，被扣在外屯乡公所。四天后，大刀会又派人传唤西表乡的全部保甲长，扬言一周内交不出洪坤元首级，不但将马理成斩首，而且要将西表乡所有村庄烧毁踏平。西表乡

① 曾镜冰：《忆黄立贵师长》，《闽北党史回忆集·第一集》，1959 年。

一个甲长吓坏了，打听到洪坤元隐蔽在朱地村的一个破砖瓦窑洞里，便向大刀会告了密。

大刀会头子率会徒袭击朱地村。在砖瓦窑洞养伤的洪坤元，身边只有少数游击队员。他命令队员突围转移，自己拖着伤腿开枪激战。会徒举着大刀蜂拥而上。徐坤元连中数刀，倒地不起，被大刀会头目残忍地割下头颅。

听到洪坤元牺牲的消息，黄立贵带领红军部队立即离开仙山，返回建松政苏区。

林熙明知道瓯南的大刀会得罪了红军，连忙派代表交出全部赏金，并献出告密保甲长的人头，向黄立贵求和。黄立贵不为所动。红军战士在政和、水吉边的外屯、焦坑一带，一举击垮瓯南大刀会，活捉80多名头目、骨干，押送回西表村公审。

桂振远旅闻讯赶来救援。黄立贵命令将罪大恶极的大刀会头目毙掉。可是，传令兵故意传错命令。义愤填膺的红军战士，将抓来的80多名大刀会头目、骨干，全部杀掉了。这么一杀，瓯南、水吉、政和一带的大刀会，真正害怕起来，纷传“黄老虎吃人”。

黄立贵带着警卫员，来到“林营”，提出要与林熙明会谈。见到林熙明，黄立贵说明来意。林熙明哈哈大笑：“冤有头，债有主。既然我们要合作，为什么红军又要缴我们的枪？”黄立贵极力阐明没有这回事。林熙明当众叫来告状的会徒。三审两问，才弄明白，那个会徒是国民党保安团派来的密探，造谣挑起事端，使大刀会袭击了建松政中心县委。

弄清了真相，林熙明下令，当场把那个密探杀掉了。

第七章　黄龙岩制定游击新战略

中央主力红军被迫长征后，闽北被国民党划为闽赣两省绥靖区中第九绥靖区，由三十九军军长兼五十六师师长刘和鼎为司令长官，指挥10万大军通过堡垒战术，在闽北苏区构筑起纵横交错的十几条封锁线。碉堡与碉堡之间，距离只有几百米，火力可以相互支援。一道道封锁线，将闽北老苏区切割成了几十块区域。敌人在重要村镇设置据点，驻以重兵，利用封锁线切割，分区域轮番“清剿”。

为了切断红军与人民群众的联系，国民党保安团强迫山区老百姓搬进由国民党派兵驻守的据点村里居住，拒绝搬迁的以匪论处。在据点村里，强化保甲制度，采取“一户通匪十户连坐”的“连环切结法”。经济上，对粮食、食盐等物资实行配给，群众进出据点都要严格盘查。敌人企图用严密的封锁措施，断绝红军游击队的物资接济，把红军困死饿死。

敌人还利用司令员李德胜叛变投敌，四处张贴广告，喊话红军游击队投降。

红军困顿在山头上，既要时时防止国民党军队袭击，又要天天同疾病、饥饿做斗争。下雨天，经常撑伞露宿。有时情况危急，就在大树底下打盹。饿了，吃野菜、嚼草根、啃生笋，是常有的事，经常十天半个月吃不到一粒粮食。为了防止敌人天亮后看见炊烟，战士们天不亮就生火做饭，天黑后再做第二餐饭。所谓的饭，其实就是野菜。这些野菜吃下去，不一会儿，肚子还是咕咕叫。有时，在一个地方躲久了，野菜也挖完了。他们就烧一锅开水，喝完后出发，寻找新的宿营地。

老红军王荣森回忆："1935 年，是我们最艰苦的时候，到处是'清剿'的国民党部队，随时要准备战斗。特别严重的是，我们没有群众，没有粮食，没有食盐，弹药也打得差不多了。开始我们在山上，还搭了山厂（山棚），后来，山厂也住不成了。在深山老林里，每个人都经受着最严峻的考验。南方山区，晴雨不定，下起雨，一豁岩洞，一个树兜，最好的是一柄雨伞，就是遮身的房子。没有粮食，就到处挖野菜充饥。白天生火会引来敌人，只得在晚上就把吃的烧好，脸盆、茶杯就是我们的锅。长期极端艰苦的生活，使许多同志的身体极度虚弱，有的重伤病员，甚至活活地饿死了。"①

黄知真是黄道的长子，一直随闽北分区委机关行动。他回忆："敌人从大王坳那边分上下两路来进攻。我们沿着小路退，走了 3 里路，前面是绝壁，无路可走。我们从山沟溜下来，敌人跟着我们溜下来。我们爬上对面山后一两小时，敌人又追赶上来，我们又溜下一个洼，到第三个洼敌人才没追。这一仗，我们把什么东西都丢光了。后来跑到五府岗用望远镜向下一看，到处都是敌人。东西丢光了，岗上天气很冷，王助同志的通讯员就是在山上冻死的。"②

独立师政治部主任王助的通讯员只有 16 岁。他在那个寒冷的夜晚里，又冷又饿，实在受不住了，就爬到王助身旁。王助将他揽在怀里，为他取暖。通讯员死在了王助怀里，死后嘴里还咬着半截既为充饥又为御寒的干辣椒。

据不完全统计，这一时期，因饥饿、寒冷、疾病非战斗减员的闽北红军，不少于 1000 人，其中县团级干部 20 多人。

国民党军队重兵"围剿"闽北老根据地，难以见到红军踪影，便四处张贴标语，说什么中央红军在贵州全军覆没，闽北红军也都被消

① 《王荣森同志回忆记录稿》，1981 年 5 月 6 日。

② 黄知真：《忆闽北的游击战争》，载《回忆闽浙赣皖苏区》，江西人民出版社，1983 年 12 月，第 421 页。

灭了。企图用这些谣言，动摇红军与苏区群众，瓦解革命斗志。

李德胜叛变投敌时，是吴先喜率领红四团及时赶来救援，使闽北分区委、军分区机关转危为安。吴先喜临危受命，担任了闽北军分区司令员。

为了扭转被动局面，黄道与吴先喜商量，决定集中红二团、红四团力量，突袭上饶甘溪镇。通过打甘溪，破除红军被消灭的谣言，提振苏区军民信心。

司令员吴先喜

1935年4月下旬，黄道、吴先喜集中红军二、四两团，沿着武夷山脉，翻过五府岗，顺着北梁往下走，住到五府岗山下的金竹排。部队从金竹排出发，浩浩荡荡向甘溪出发，黄昏时分到达距甘溪5里的金钟山。只要翻过耗岭，前面就是甘溪镇了。可是，侦察排刚刚来到耗岭山口，山上突然传来阵阵螺号声和叫喊声。原来，驻在金钟山的大刀会发现了红军，边吹响螺号向甘溪的敌人报警，边喊叫着跑去报信。

夜幕降落，山道弯曲。红军传令实行灯火管制。吴先喜司令员命令红二团占领左侧丁字岭，红四团占领右侧毛茶岭。后半夜，甘溪通往四十八都的大道上，手电光晃动，隐约还听到吆喝声。红军立即派出侦察排到前面查明情况。

一条甘溪河挡住了侦察排的去路。河上有座木板浮桥，是出入镇子的唯一通道。敌人在桥头各修一座碉堡，分兵把守。侦察排的战士悄悄摸近桥头，纵身一跃，干掉了两名哨兵。不料，刚踏上浮桥，桥板就“吱呀呀”响起来。桥对岸哨兵厉声喝问：“干什么的？口令！”侦察员回答不上来，敌哨兵随即开火，并大喊：“‘共匪’来了！”

镇子上的敌人全惊醒起来，他们盲目地朝着河对岸射击。镇西北高地上的三个碉堡，机关枪也“哒哒哒”响起来。敌人火力很猛，侦察排回放几枪，便原路撤回。一群敌人冲过浮桥，在后面追了一阵，见月高夜黑，便胡乱打了一阵枪，返回镇子。

这次侦察，红军从敌人火力和喊话声判断，情况比原来掌握的要复杂，镇上除了民团，江西“剿匪”二纵一团，刚调防到这里。黄道、吴先喜研判敌情，认为敌人只看到红军侦察排，还未发现红军主力；江西二纵这个团，以前未与闽北红军打过交道，估计天亮后，他们极有可能出来搜山。于是，决定在金钟山打一场伏击战，歼灭搜索之敌，相机夺取甘溪镇。

天刚麻麻亮，侦察排的同志又悄悄摸下山来。他们刚走到浮桥头水磨坊附近，大刀会的螺号就吹响起来。听到报告说，红军只有四五十个人，河对岸的敌人大摇大摆地从浮桥上过来了。侦察排撂倒前面的几个敌兵，撒腿就跑。后续的敌兵鱼贯过桥，仗着人多势众，急急往前追赶，共有1200多人。侦察排边走边打，敌人紧追不舍，不一会儿就全部钻进红军的口袋阵。

吴先喜司令员见时机一到，鸣枪喊打。埋伏在山岭两侧的红军同时开火，枪声和手榴弹爆炸声响成一片，直打得敌人晕头转向。敌人急忙组织力量反扑，依靠武器精良，用密集火力压制住红四团阵地，直冲左侧地势稍缓的红二团阵地。

红二团战士居高临下，连续打退敌人两次进攻。敌军往后撤，他们的督战队横扫着机枪，硬逼着他们从沟底再往上冲。大刀会徒也扒光上衣，挥舞着大刀往上爬。眼看着，黑压压的敌人就要爬上山顶。二团团长胡佑民被这阵势，吓得躲在一块石头后面直发抖。

这时，红二团第六连连长饶守坤怒从心起，振臂高呼：“共产党员跟我冲！”起身跃入敌群，与敌人展开肉搏。红军战士紧跟着上前，拼起刺刀，杀得敌人四处逃窜。

右侧红四团阵地上，敌人也企图过来抢占二营的山头，一营营长迅速带领人员增援，把敌人打退回去。

历经三个多小时激战，敌人阵容大乱，完全失去战斗力。残部顺着山谷拼命往回跑，过了河，就立即炸毁了甘溪桥。

红军打扫完战场，扛着400多件轻重武器，押着100多名俘虏凯旋。由于战后胡佑民逃跑，黄道在祝捷大会上宣布，第6连连长饶守坤，直接升任为红二团团长。

金钟山大捷，打破了闽北红军被消灭的谣言，也大大鼓舞了红军士气。从这次战斗中，大家得到一个启示：在敌人的封锁区，应放弃固守老根据地消极防御思想，果断地打到敌占区去，化被动为主动。

甘溪战斗震惊了敌人。7月，蒋介石任命卫立煌为闽浙赣皖四省“清剿总指挥”。卫立煌将设在延平的总指挥部移至浦城，重新部署兵力，重点“清剿”闽北分区领导机关和红军游击队主要活动区域崇安、铅山、浦城地区。

随着敌人的严密封锁与“清剿”，游击战争形势不断恶化。如何坚持游击战争，如何解决生存问题，成了闽北红军的头等大事。各地游击队的各种问题，汇聚到闽北分区委来，要求尽快采取对策，扭转被动局面。

闽北军分区派出交通员，带着黄道、吴先喜的亲笔信，通知在外线作战的黄立贵速回老苏区。黄立贵接到指示信，率部返回了闽北，在崇安岚谷一带见到黄道书记。

半年不见，相谈甚欢。黄立贵向黄道汇报了他带领红一团在建松政及屏南、古田一带活动的情况。黄师长审时度势，向黄道建议：“鉴于局势的危急，部队要积极打出外线，到敌人后方去，实行战略退却和战略进攻相结合，外线作战与内线作战相结合的方针，调动敌人，避免打硬仗、打消耗战，保存红军的有生力量，开辟新的游击根据地。”[①]

① 饶守坤：《生如闪电之耀亮——忆驰骋闽赣、威震敌胆的黄立贵师长》，《福建党史月刊》2009年第5期。

黄道表示完全赞同，说：“我们想到一起了。敌人集中在苏区‘清剿’，后方兵力空虚。这就是敌人的弱点，我们要抓住这个弱点，以苏区为依托，挺进敌后，开辟新区。”

8月15日，黄道在崇安县岚谷乡黄龙岩主持召开闽北分区委扩大会议。参加会议的有黄道、吴先喜、黄立贵、卢文卿、曾镜冰、王助、饶守坤、叶全兴、彭喜财等闽北党政军主要领导者。黄道的长子黄知真，当时16岁，担任共青团闽北分区委宣传部副部长、分区儿童局书记，实际上主要做分区委秘书工作，担任会议记录。

会议在一家土豪的厅堂里召开。中心议题是，在游击战争中学习游击战，总结近一年游击战争的经验，围绕图存发展，确定游击战争新方针，制定打出外线的新斗争策略。

闽北红军南征北战的将领们，都围在一张地图前，沉思部队向敌后挺进，打出外线，该向何处出击？向西，进入江西境内，那里是老区，群众基础好，地理情况熟，但那里的敌人占据优势；向北，则面临敌人布下的50多条封锁线，又靠近敌人心脏地区；向东进到浙南，那里有粟裕、刘英的挺进师，正与敌人苦斗，易将敌人“带”过去，给挺进师部队增加压力；向南，资光贵地区的敌人，之前将他们挤了出来。大家围着地图转了一圈，才更清楚了，现在部队所能活动的地盘，只剩下山丛中的几个村庄。准确说只不过是几个孤零零的山头了。大家脸上，不由愁云密布起来。

黄立贵首先在会议上发言。

黄知真回忆：“黄立贵同志汇报的要点是，建松政地区敌人的正规部队不多，主要是地主民团和大刀会组织，都驻在较大的集镇，构不成封锁线，行动较方便，回旋的余地大。地主基本上没有被触动过，圈有猪，仓有粮，家有钱，市场也比较活跃，物资供应较容易解决。困难方面主要是群众基础差，大刀会势力较强；但通过一段时间的工作，情况正在变化，群众对红军逐渐有所了解，有些地方已有一定的基础；大刀会的情况也不尽相同，有被地主豪绅控制的反动武装，有被逼上梁山的绿林好汉。经过几番较量，内部正在分化，一个叫林熙明的大刀会首领，已表示愿意同我们合作。”①

饶守坤回忆，“此时黄师长胸有成竹地在地图上，比画着手势：‘部队应抽出主力向东南，越过天堂山区，插到闽东北的建阳、松溪、政和、屏南、古田一带。’接着，他摆出了理由：‘第一。那里崇山峻岭，地势险恶，利于部队活动，便于和敌人周旋，而敌人只有1个师的兵力，相对比较薄弱；第二，闽东北是闽北、闽东、浙南三块游击区的中间地带，可以互为犄角，相互支援，对斗争有力；第三，那一带很早就建立过党组织，举行过武装暴动，成立过游击队伍，后来虽然失败了，但对当地群众产生了深远影响。’他介绍说，‘去年和今年，我曾两次去那里活动，局面可以打开。当然，那里基本上是新区，要站稳脚跟，求得发展，须经过艰苦的斗争才行。’”②

黄道肯定了黄立贵的意见。他在会上做了长篇发言，将反复考虑的想法，提请会议讨论。他说：“敌人兵力集中在苏区，人民蒙受巨大的灾难，军队作战和生活也极为困难。敌人的后方实力空虚，供应不成问题，我们不能只在苏区同敌人周旋，要敢于大胆打倒敌人的后方去，调动敌人，打击敌人，使敌人防不胜防。”他风趣地解释闽北红军战略方针的转变：“敌人不让我们安安稳稳地待着，我们就亮出剑来，跟敌人换换防，你搞到我家里来，我也要搞到你的家里去！”黄道风趣的比喻，引得大家哈哈大笑。

会议制定出了新的作战策略：在政治上，允许国统区群众实行“白皮红心”的两面政策，并实行争取保甲长、大刀会的统一战线政策；

① 中国人民解放军历史资料丛书编审委员会：《南方三年游击战争·闽北游击区》，解放军出版社，1993年8月，第80页。

② 中国人民解放军历史资料丛书编审委员会：《南方三年游击战争·闽北游击区》，解放军出版社，1993年8月，第115页。

在经济斗争中，放弃分田废债，改为减租减息，将打土豪没收一切财产改为筹款；在军事上改变单纯防御和内线作战的方针，向敌后挺进，打出外线。

年初，闽北红军刚转入三年游击战争的时候，电台还没有毁坏，他们接到朱德、周恩来同志在长征路上发来的电报，说闽东在叶飞领导下举行农民暴动，建立了红军武装，在寿宁、福安一带活动，要求“闽北（红军）队伍要注意和闽东叶飞同志的游击队取得联系”。会议认为，敌人建立了“闽浙赣‘剿匪’指挥部”，统一对付我们，我们也有统一起来对付敌人的必要。[①] 会议把“尽快与闽东红军取得联系，形成合力”，写入了决议。

会议还根据新区情况，制定了一些新的战术原则和斗争策略：采取更加机动灵活的游击战术，以分为主，时分时合，奇袭、伏击，出奇制胜，善于捕捉战机，又善于摆脱敌人；紧紧依靠群众，关心群众利益，建立秘密党组织，发展多种形式的群众团体，隐蔽精干，长期坚持；采取正确政策，争取多数，打击少数；将没收地主土地改为向地主筹款和减租减息；将建立苏维埃政权改为分化、争取保甲长；对大刀会区别不同的情况，打击坚决与我为敌的反动武装，争取“逼上梁山”的绿林队伍。[②]

会议决定，由师政治部主任兼红二团政委王助、团长饶守坤，统一领导指挥红二、三团，挺进闽东北开辟游击新区。

王助只有 21 岁，饶守坤刚满 20 周岁。为什么把这样一副重担，交给这两位年轻人呢？参加会议的曾镜冰认为，“因为王助原是在叶飞同志领导下工作的，是叶飞同志在福州介绍他入党的”。[③] 闽东北地

① 曾镜冰：《闽北党同闽东党的会合问题》，《回忆闽浙赣皖苏区》，江西人民出版社，1983 年 12 月，第 515 页。

② 中国人民解放军历史资料丛书编审委员会：《南方三年游击战争·闽北游击区》，解放军出版社，1993 年 8 月，第 65 页。

③ 曾镜冰：《闽北党同闽东党的会合问题》，《回忆闽浙赣皖苏区》，江西人民出版社，1983 年 12 月，第 516 页。

区原属中共福州中心市委领导，派王助到闽东北，便于开展工作，及与闽东红军联合。而饶守坤在甘溪大捷中的突出表现，让黄道对这颗军事新星刮目相看。

除了闽东北这个方向，会议还确定，由吴先喜司令员率红四团去资（溪）光（泽）贵（溪）地区，与刘文学率领的光泽独立营会合。黄立贵师长率红一团到邵（武）顺（昌）建（阳）地区活动，既与左右两翼的红军队伍相照应，又能兼顾到闽北分区委、军分区机关的安全。黄道与分区委、军分区机关，由马长炎的特务队保卫，继续在闽北的深山密林中流动。

闽北红军领导人黄道

黄道最后作总结发言。他说："这次行动，关系到闽北红军能否从10万敌人的层层包围中突围出去，以摆脱危机，保存有生力量，把游击战争坚持下去。"他要求外出作战的三路红军部队，都要仔细研究行动计划，精简非战斗人员和物资，安置好伤病员，做好部队的思想工作。

会后，黄道将黄立贵、曾镜冰单独留下，布置秘密任务。要求他俩按照中央在长征路上发来的电报指示，亲赴闽东地区，寻找到叶飞，商议两个游击区实现战略联合。同时，"让他在可能的条件下打通与原闽赣苏区的联系，进而找到项英、陈毅同志和中央分局"。[①]

① 中国人民解放军历史资料丛书编审委员会：《南方三年游击战争·闽北游击区》，解放军出版社，1993年8月，第65页。

第八章　打到外线又遇民军困扰

黄龙岩会议后，年轻的闽北独立师政治部主任兼红二团政委王助与团长饶守坤，和红三团团长周汝春（又名周国华）、政委叶全兴，告别了留在崇安老区坚持斗争的闽北分区委领导和机关，带领两个团共700多名红军指战员，踏上挺进闽东北的征程。

王助、饶守坤率领这两个团，经过十多天艰苦行军，到达浦城县境内。浦城的村镇，驻满了国民党“清剿”部队。大刀会、民团也部署在要道、路口上，日夜监视。红军每前进一步，都异常艰难。红军为了避免损失，蜇伏于深山老林，昼伏夜行，边打边走，与敌人兜起圈子。他们穿深山，钻密林，有时欲东故西，欲南佯北，尽量避免与敌人纠缠。

红三团是在崇浦独立营基础上组建的新团。北上抗日先遣队过境浦城时，派洪家云带别动队2个连和1个工兵排，抬着100多名伤员送入闽北苏区，后来山洪阻碍，这队人马追赶不上队伍，便留在闽北，编入闽北独立师红三团。怀玉山兵败，粟裕、刘英奉命组建挺进师，过境闽北去浙西南打游击，洪家云所带来的两个连归建于挺进师。闽北军分区将广浦独立营调入崇安，重新组建了红三团，原独立营营长周汝春任团长，营政委叶全兴任团政委。

周汝春、叶全兴常年在浦城一带打游击，与浦城的地方党组织联系密切。两个团红军，在地下党派来的向导引导下，经过十多天艰苦行军，突破敌人几道封锁线，来到浦城南面的樟元山。越过樟元山，便是浦城境内的南浦溪，这是敌人最后一道封锁线。只要过了河，便可折兵南下，进入建松政地区和屏南、古田一带，似蛟龙入海了。

国民党军队为了防止红军过河，在南浦溪部署了兵力封锁。白天，敌人沿各要道、路口，进山拉网“清剿”；晚上，则在沿河边，燃烧起堆堆篝火，彻夜不息，照得河面通亮。

这天中午，一阵狂风骤起，暴雨倾盆而下。“快走……”向导在树上系上草绳，战士们握着草绳，依次在泥泞中下山。向导带着红军，直扑南浦溪。南浦溪两岸，也拴上了一条草绳。红军控制住 200 米宽的河岸滩头阵地，部队蜂拥而至，牵着草绳迅速渡过了南浦溪，消失在了狂风暴雨中。

王助等人率领闽北红军第二、三团 700 多人，胜利突破敌人封锁线。这里敌人的主力部队相对少了，封锁也松了一些。但沿途常遇到大刀会和地主民团武装纠缠。

在浦城南面一个叫楼板的村庄，村里有一股近百人的地主民团武装。楼板村庄不大，但处在山间要道上，筑有一座二层楼高的土围子，高大坚固、易守难攻。地主武装在土围子架起土炮，向红军开火。

红军向他们喊话，说部队只是路过，大家井水不犯河水，要他们停止射击，放部队过去。为首的地主武装头子外号叫“铁老板”，气焰特别嚣张：“你们看看手里拿的什么家伙？没有炮，你们别想打开我的围子！”他下令继续开枪，打死了一名红军战士。

饶守坤挑选几名勇敢的战士，在机枪掩护下，手拿铁镐，沿着围子的射击死角，猫着腰冲到旁边一间屋子里。战士们用铁镐将屋墙打透，一直钻到土围子的后门外，抱来柴草，点燃起来。烈焰熊熊，很快烧到围子的门窗。不一会儿，敌人在烟火中跑下来，纷纷跑出围子四散逃命。部队抓住时机冲过去，打死十多个负隅顽抗的敌人，其他的乖乖做了俘虏。红军顺利通过了楼板。

为了早日到达目的地，在以后的行军中，他们对小股敌人骚扰一般不予理睬，只对一些反动顽固的地主武装，坚决打击，并补充一些部队消耗。

这天，他们到达政和县境内，来到一个很大的村子。红军与隐蔽在这里坚持斗争的建松政中心县委接上关系。县委书记翁立义，介绍了这里的情况：村子里住着国民党区公所，有八九十人的武装，平时抓丁逼税，欺压百姓，为非作歹，也威胁着地下党组织的安全。

在地下党组织请求下，红军决计为民除害。经侦察，敌人住在一个坚固的大碉堡里，四周地形比较开阔，不易接近。如果强攻，只会徒增伤亡。王助与饶守坤、周汝春、叶全兴商议后，决定智取。三团将碉堡从三面包围起来，进行佯攻，故意留后山一条生路。二团埋伏在后山上，伺机歼灭逃跑之敌。

红三团的战士将四五个手榴弹捆在一起，拉弦后扔向碉堡，并虚张声势，高声呐喊。“轰隆隆——”“轰隆隆——”，爆炸声震天动地，犹如炮响一般。敌人见这阵势，立即丢弃碉堡，向后山逃逸。这正中了红军下怀，埋伏的红二团一阵猛冲猛打，全歼这股敌人。群众拍手称快，地下党组织群众，箪食壶浆慰问部队。

经过近一个月行军，红二、三团绕道七八百里，到达建瓯县境内松溪河北面的川石。这里属鹫峰山脉北段，黄可英领导的建瓯党组织，曾在这一带领导农民运动，黄立贵也来这里活动打下过基础。红三团留下来，“配合建松政中心县委，开辟政和以北，浦城以南地区，巩固建松政游击根据地”。[①] 王助与饶守坤带领红二团，按照计划的路线，过松溪河继续南行，去开辟政和以南、延平以北的游击新区。

过了川石，到达东游一带，这里是鹫峰山脉主峰九仙山北麓。仙山地区山高林密，地广人稀。原先驻扎在建瓯的国民党第五十六师调到闽浙边“剿匪”后，这一带基本上没有国民党正规军。但是，地方的民团、刀会、土匪多如牛毛。

① 中国人民解放军历史资料丛书编审委员会：《南方三年游击战争·闽北游击区》，解放军出版社，1993 年 8 月，第 395 页。

清朝灭亡后，由于政治紊乱，东南一隅福建，大大小小的土匪蜂拥而起，割据一方。闽东北地区的匪患，居福建之首。为了对付土匪武装，闽东北地区兴起了遍布各地的大刀会组织。他们主要活动在广大乡村，与乡绅、土匪、宗族等各种乡村力量有着密切联系。[①]

土匪和大刀会这两种民军队伍，都具有明显的政治盲目性和摇摆性。今天，他们可以为民除害，打击国民党当局；明天，又与人民为敌，打家劫舍；后天，再去攻打红军，争取国民党政府犒赏。他们属于游民阶层。

红二团突破重围来到仙山地区后，每天都陷入各路民军的困扰中，不是这里冒出一股土匪，就是那里杀出一支民团，或者是大刀会“哇哇”叫着蜂拥上来。这些民军多数情况下，要么受国民党保安团队指挥，要么受地主豪绅支使，仗着地形民情熟悉，一见到红军就打。红军大部队行军时，他们躲在山梁上骚扰袭击，射来冷枪毒箭；红军小分队活动时，他们从密林中突然涌出来，手舞大刀长矛，冲上来乱砍乱戳，又迅速消失得无影无踪。

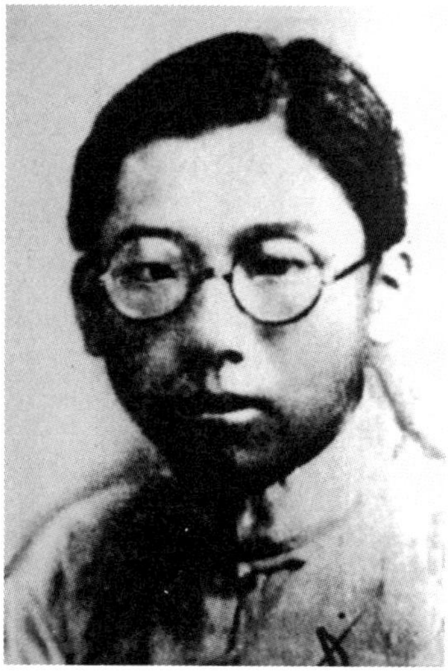
王助

王助、饶守坤是第一次率红二团在仙山地区作战，尝到了没有群众支持的苦头。他们初来乍到，对地形民情不熟，群众对这支红军队伍也不了解。一听到“红匪”来了，群众避之唯恐不及，纷纷跑进深山老林躲避。红军失去可以依赖的人民群众，行军找不到向导，宿营找不到村落，给养无法筹集，伤员无法

① 王秀惠：《民国时期福建大刀会研究》，厦门大学硕士学位论文，2008年6月。

救治，弹药得不到补充，整日风餐露宿，疲惫不堪。

王助原是隶属于中共福州中心市委的党员。1933 年底，他受市委委派，转道闽北苏区，到瑞金参加第二次全国苏维埃代表大会。会后，由于福州中心市委遭敌破获，他被分配到闽西苏区第十五团政治部任主任。

红七军团组成抗日先遣队北上时，他带领兵运人员，到闽东北地区联络闽北独立团和隶属于福州中心市委的地下党组织，配合抗日先遣队行动。任务完成后，他与闽北独立团一起，回到闽北苏区，先担任闽北军分区政治部副主任。重建闽北独立师时，任师政治部主任。

为了与仙山地区的地下党组织取得联系，王助与饶守坤制定出“主动寻找，主动接近，重点工作，逐步展开”的工作方针。他俩决定搞一家伙，引起地下党注意，然后立即分开行动。王助到建瓯迪口去找叶子生的游击队，饶守坤留在建瓯玉山一带活动。

1935 年 10 月 6 日，是农历九月九日重阳节。王助与饶守坤带领红 2 团，“从后洋打入玉山乡公所，活捉乡长、乡队附等 6 人，缴枪 40 余支。打完这一仗后，王助带一部分人马，向迪口方向而去。饶守坤带一部分人马，当日在玉山街住夜。第二天 8 时许，国民党保 4 团、保 5 团从古田和建瓯两面包抄过来。时有一保丁名黄益长，自告奋勇，带红军向榧村方向撤退。撤退时当场牺牲红军战士 1 人，退至玉山水头上坡的坡尾又牺牲 1 人。”①

红军由黄益长带路，来到屏古瓯三县交界的榧村、峡头、岭后、富地、陈家山、水竹洋、大坂厂、横坑一带。这里的群众都躲起来了，找不见人影。饶守坤组织红军，按照“集中以应付敌人，分散以发动群众”原则，白天以连为单位集中起来，迎击来犯的敌人，晚上分散开来，深入到村寨里宣传、调查。

① 叶夏汉主编：《福建建瓯迪口革命老区》，南新出内部书报刊 98044 号。

这天晚上，饶守坤又一次来到富地村。这是一个有40几户人家的村子。群众一听说部队进村了，都躲进深山里。村里，只有几位年迈的老人看家护院。饶守坤连去几家，都吃了“闭门羹”。在村西头一座孤立的草房里，有一位老人。饶守坤敲门进去，安慰老人：“不要害怕，我们是红军，是穷人的队伍，专门替穷人打天下的。”老人衣着单薄，围着一个火盆烤火。饶守坤在他身旁坐下来，与老人拉起家常。然后，慢慢引到红军的方针政策上来，说明红军是一支什么样的部队。从晚上七八点钟，一直扯到下半夜。老人逐渐消除了戒备，问：“听说有个姓草头黄的师长，是专门帮助穷人的，你们和他是不是一样的队伍？”“是啊，老伯，我们就是黄师长的队伍，是专门为穷人打天下的。”老人豁地一下站起来：“早知道你们是黄师长的队伍，我们就不跑了。”他起身忙着做饭、烧水，招待饶守坤等人，并表示明天就上山，把村里的人喊回来。

第二天，富地村的情况完全变了样。群众用友好的眼光注视着红军，不少人主动地接近他们，有的还把他们请到家里喝茶。他们向红军介绍附近的地理和政治情况，告诉红军哪些是地主土豪，哪些是道会门，以及他们活动的情况。

饶守坤回忆道，“附近其他一些村寨，通过王助同志做工作，群众开始了解我们和信任我们，根据群众提供的线索，我们在附近镇压了一批残害群众、罪大恶极的家伙，并把他们的财产粮食分给贫苦群众，使群众加深了‘红军是自己人’。”[①]

① 中国人民解放军历史资料丛书编审委员会：《南方三年游击战争·闽北游击区》，解放军出版社，1993年8月，第288页。

第九章　“仙山王子”暗助“红军神兵”

饶守坤将军在回忆录中写到“一个很坚强的老人”，在闽东北游击战争最艰难的时期，“将一份记录着附近一带的党员和基本群众的名单，郑重地交给了我们”。[①] 正是通过这份名单，红军游击队很快找到了失掉联系的党员和基本群众。地下党组织为红军提供了巨大的帮助，为坚持斗争起到了很大作用。饶守坤的回忆，说明三年游击战争时期，仙山地区存在着一个健全的地下党组织系统。

1983 年 10 月 10 日，左丰美在建瓯党史座谈会上发言，谈到他带领最后一支红军部队，撤离屏古瓯边区的情况：“我带一个连又回到建瓯富地。一个多月后，省委派人送通知来，当时我不识字，叫屏瓯县委的一个干部认通知。他讲省委要我带队伍回闽北，部队要开到抗日前线。这个家伙事后就开小差跑掉了。这件事对我刺激很大，以后就拼命学文化。”左丰美回忆，证明红军时期仙山地区存在着一个中共屏瓯县委。

可是，随后一个巨大的问号，在我们心中无法拉直：饶守坤、左丰美都是闽东北红军的军事首长，长期在仙山地区战斗生活，他们的回忆资料中，为什么没有写清楚地方党组织与党员活动的情况？

饶守坤将军回忆来到仙山地区刚站稳脚跟时，讲到几名基本群众。

“屏南县山峰村有几户贫苦农民，经常为我们送粮食、盐巴，有

① 中国人民解放军历史资料丛书编审委员会：《南方三年游击战争·闽北游击区》，解放军出版社，1993 年 8 月，第 300 页。

饶守坤

时我们住在他们家里，开会、研究活动方案，成了我们的‘堡垒户’。”山峰村几户贫苦农民是谁？真实身份是什么？笔者在山峰村走访，了解到村里出了吴家应、吴家芳两名红军烈士。资料显示，他俩都于1935年参加革命，担任中国工农红军闽北独立师交通员。1936年春，他们在执行任务中，先后被国民党保安团抓捕。吴家应在山峰村水尾被敌人杀害，吴家芳在岭头村马兰园壮烈牺牲。1985年，经屏南县人民政府批准，两人被追认为革命烈士。饶守坤所说的山峰村的“堡垒户”，真实身份是闽北红军独立师秘密交通员。

饶守坤接着写道：“在大坂山顶一片洼地中有一户人家，主人的外号叫萧老虎，他一家五口，种四五亩水地，一年收获的粮食够吃有余，且他家居住山顶，国民党军队和民团很少来打扰，有时我们打完仗，便到他那个地方宿营，即使是半夜三更去，他都连忙给我们开门，生火做饭。有时我们把负伤的战士安顿在他家，他都热心照料。”

《饶守坤回忆文集》里对“萧老虎”的描写更为生动：“大坂山顶住着一户人家，主人叫‘萧老虎’，待我们更是热情。有时我们到他家里宿营，他总是替我们站岗放哨，战士们不肯，他笑着说：‘我要不是拖家带口，也和你们一起干。你们上我这山顶上来是信得过我，快睡个安稳觉，养好精神，去打那些坏蛋。’有时，我们把伤员安顿在他家里，他热心看护照料，从未出过差错。”红军经常到“萧老虎”家里宿营，“萧老虎”总是替红军站岗放哨，以及看护照料红军伤员，这些都是“萧老虎”革命者身份的佐证。

在本书完稿之际，屏南县党史办从落满灰尘的档案柜中，找到了《屏南县地下党交通站、交通员分布表》，表的第10页记载——交通员：

萧长春、萧老虎、萧茂有；交通站：大坂。

经萧家后人证实，当时住在大坂山顶的一家五口人，除了萧长春、萧老虎（萧茂忠）、萧茂有，还有萧茂忠妻子应桂香、父亲萧荣贻。大坂厂被黄立贵师长确定为闽北独立师交通站后，萧茂忠将 23 岁的弟弟萧茂有、12 岁的长子萧长春，从古田凤都老家接来大坂厂。一家五口人，都成为闽北红军独立师的交通员。

饶守坤将军的回忆录中，还讲到一位“不够本分的农民”。“富地村有一位大烟鬼，长一脸麻子，他虽然在村里游手好闲，但并不做反动事情。他经常跑外，社会新闻、人情世故了解很多，消息灵通。我们就利用他这个特点帮我们做事，他曾多次为我们搞来报纸，为我们提供了一些有用的情报。为了酬谢他，有时我们送他几块银圆，但他不收；如果送他几两烟土，他却喜不自禁。这个人逐渐成了我们活动的耳目。”

饶守坤、左丰美的回忆文章，讲到过同一场战斗。通过他们的描写，我们还原出这个“不够本分的农民”，名字叫詹传光，是富地村相邻岭后村人。

那是发生在 1936 年 12 月的一次战斗。

饶守坤回忆，他带一个连八九十人在富地村活动，村里的大麻子急匆匆跑来，报告国民党第七十五师换第五十六师的防后，驻古田县旧镇一个营，准备经横坑到富地，已经出动。饶守坤、左丰美决定在岭头打一次伏击战。“经过激烈激战，岭头上的敌人全部被歼，我们还抓住两名俘虏，缴了 2 挺机枪和 30 多支步枪。当后面的敌人清醒过来反扑时，我们已迅速翻过两道山岭，到水竹洋宿营去了。”

左丰美那个时候刚从建阳的西南战区调来，任军分区政治部主任。根据左丰美回忆，“大麻子”身份是与富地村相邻岭后村的“接头户”詹传光。“10 点钟左右，我们正忙着替群众耕田插秧，忽然邻村岭后村的接头户，农民詹传光急急忙跑来，对饶守坤同志说：‘不好了，白匪一个营已经到了岭后，看样子要往这里来哩！”[①]

建瓯市档案馆里，还有一份1953年3月整理的《建瓯县小桥区参加革命事实情况清册》，在“岭后村老区参加红军被敌损害情况”页中记载：“参加红军者：詹庆定、詹传光、詹云金、詹云有、詹云福、詹庆有、詹生梅。”“受敌损害情况：我处曾先后与匪军作战3次，在全体人民的支持下，都得到胜利与安全转移，战后被匪军劫掠殆尽，全村人民无家可归。另詹传光因参加红军被挎诈伪币200元。”[②]

结合建瓯市档案馆里的这份档案，那个“不够本分的农民”詹传光，是一名红军秘密交通员。他表面上“不够安分”，其实是利用国民党军官吸食烟土的特点，搞来烟土，深入敌营，为红军探听重要的情报。

饶守坤、左丰美都是闽东北红军的高级军事首长，他们为何不清楚这里地下党的情况呢？直到看到三年游击战争时期，中共上海办事处副主任冯雪峰写给浙南游击区革命委员会的一封信，我们才恍然大悟。浙南游击区与闽东北游击区毗邻，所处环境差不多。冯雪峰要求游击区“亲爱的同志们”：“党的组织必须绝对秘密，在平时，每个党员都绝对以群众面目出现，绝对不能对任何人自称党员；其次，在每个村中必须保藏几个干部作为特别党员，绝对不与其他同志发生关系，在平时，其主要工作是用右的面目打进敌人中去，表面上可以给敌人做事，借此来探听他们进攻我们的计划等，如果被敌人破坏或武装斗争失败时，由这个同志保藏干部来恢复工作；同时在同志间也不可互相知道谁是同志，万一有破坏时，以免全部受了威胁。”[③]

红军时期，中国共产党的领导，不是靠行政权力实现的，而是靠

---

① 《第一次战斗》，左丰美讲述，石化整理，载《福建革命斗争回忆录——光荣的历程》，1959年1月。

② 1953年3月整理，原件存于建瓯县档案馆，建瓯县1957年民政科第59号全宗。

③ 冯雪峰：《给中共浙南临时革命委员会的信》，1936年9月。

代表人民群众的利益，得到人民群众信任和拥护实现的。那时，我党领导白区斗争，党内联系主要依靠地下交通。1929 年 12 月，《中共中央给福建省委并转军委的信》中要求，“设立这一交通网，原则方面，中央有以下的指示：第一要尽力发动各地方党部建立起赤色群众组织，使广大群众能帮助或掩护这一工作；第二要找到各地有职业的同志专门担负这一工作，其职业足以便于这一工作为原则……”[①] 闽北分区委在黄龙岩会议上，也要求闽北红军打出外线后，要“建立秘密党组织，发展多种形式的群众团体，隐蔽精干，长期坚持”。

游击区的战争环境，是在“敌人的家里”开展的。地下党组织和党员，只对单线联系的上下级负责，日常生活要求做到社会化、大众化，保持“绝对秘密”状态。这样，才能在出现意外情况时，最大程度减少损失。剩下的同志，擦干眼泪，在危机四伏的白区，继续去完成筚路蓝缕的神圣使命。

在异常艰难复杂的游击环境中，“萧老虎”等地下党员，都是以群众面目，甚至是以灰色面目出现的。只有单线联系的上下级，才知道他们真实身份。为了既不暴露身份，又能及时向红军游击队提供帮助，这些“亲爱的同志们”煞费苦心，往往采取一些巧妙办法，帮助红军游击队行动。

那时，国民党建瓯、古田、屏南县当局，为了加强对基层控制，将全县分为若干个区，区下的乡镇设联保办公处，联保下设保、甲。这些保长由县政府委任，甲长由区长委任。地下党组织千方百计统战这些保甲长，甚至安排党员打入敌人内部，当“白皮红心”的保甲长，暗助红军游击队活动。这些保甲长哪些是地下党，哪些是民主进步人士，已很难分清。

从饶守坤将军回忆录中，我们依稀看到了一些地下党活动的影子。

---

① 《闽西革命历史文献资料文库》第 1 辑，第 683-684 页。

"建瓯陈地一带有一个大胡子保长，此人没有大的罪恶，而且与国民党军队有一些矛盾，我们决定争取他。有一天夜里，红军派了七八个便衣，把他从家里抓到外面的破庙里，对他进行教育，然后要求他：第一，以后红军来了不许向敌人通风报信；第二，按期给红军筹集一定数量的粮食和食盐；第三，敌人有什么活动及时报告我们。大胡子保长表示接受这些条件。此后确实言行一致，为红军做了不少的工作。"

闽北苏区邮政在建瓯使用过的邮票

这次"捉放曹"行动，可能是地下屏瓯县委所导演的一出戏。通过"捉放曹"，大胡子保长此后就能在不暴露秘密身份的情况下，为红军暗中筹集粮食和食盐，及时将情报传送给红军游击队了。

饶守坤将军回忆："玉山东部也有一个保长，原是穷苦人出身，但他靠做买卖发家以后，做了一些坏事，他还与国民党内部官兵有一些联系。对争取这个人，开始我们没有把握，不敢贸然接触，先给他写了一封信，让他记住自己曾是受苦人，不要忘了过去，并警告他，他的所作所为，我们手上都有一笔账，做好事，红军和群众不会忘记；为非作歹，只有自取灭亡。我们的信对他触动很大，他很快回信表示愿意痛改前非。后来我们几次派人到他那儿做工作，使这个人最终成了我们可以依靠的力量，特别是我们还通过此人，把工作一直做到国民党军队内部。"

这个保长，或许是一名"以右的面目打入敌人内部"的"特别党员"。或者是他在红军"几次派人到他那儿做工作"后，成了一名"特别党员"。

饶守坤将军深情回忆："到游击战争后期，整个闽东北地区，有一半以上的保甲长成为‘白皮红心’，他们在斗争中，为红军游击队送情报、筹粮食、做掩护，对红军坚持游击战争，起了很好的策应作用。当然，在异常险恶的斗争环境中，红军游击队也理解和体谅他们的困难，尽量想办法保护他们，使他们不受伤害。红军基本上不公开与他们接触，游击队在一个地方走了之后，也允许他们向地方报告。有时，还故意把他们抓起来，然后再偷偷地放掉，以麻痹敌人，避免敌人对他们产生怀疑和报复。”①

王助、饶守坤率闽北红军来到仙山地区后，遇到的最大难题是对付大刀会。

在众多大刀会中，势力最大的是政和县的林熙明。饶守坤回忆：“1935年春，黄立贵同志率领部队二进闽东北时，曾与林熙明谈判，有了初步接触。但是，由于红军来去匆匆，林熙明我行我素，我们到达闽东北后，他背信弃义，继续与我为敌，常向我们进攻，我们也不得不还击，磕磕碰碰的事情经常发生。”

林熙明一心做着皇帝梦。红二、红三团在仙山地区一南一北安营扎寨，动到了他的“奶酪”。仙山地区有许多地方，属于林熙明“保境安民”势力范围。

林熙明的大刀会，有500多名会徒，来进犯红二团驻地。他们高喊着：“刀枪不入，杀！”一窝蜂地往前冲。

闽北红军在与大刀会作战中，积累了一套战法。大刀会的武器大多是梭镖、长矛，战术是集体进攻。闽北红军使用竹叉对付大刀会的长矛。他们将毛竹的竹叉削尖，经曝晒后放在火上反复地烘烤，又将竹叉浸入辣椒水或尿液里。这样的竹叉，又尖又利。

饶守坤在富地附近，设置一个伏击圈。红军每3人一个小组。待

① 中国人民解放军历史资料丛书编审委员会：《南方三年游击战争·闽北游击区》，解放军出版社1993年8月，第293页。

大刀会冲近，前面的 1 人用步枪射击，打完枪后立即退后。另外 2 人操着竹叉，迎向大刀会阵营。他们用竹叉对准梭镖，一叉、一绞、一拉，梭镖枪头便掉了下来。战士手中的竹叉上下飞舞，会徒受伤后，纷纷投降,这样一下子活捉了100多名俘虏。其中一个人,还是林熙明的舅舅。这些俘虏，都关在富地村的祠堂里。

这天，饶守坤等几个人，路过一个山坳，忽然听到远处传过来一声声悲痛的号哭。他们循声奔去，只见一个年约 30 岁的妇女，匍匐在一座新坟前，旁边立着一位鬓发斑白的老婆婆，手里拉着个四五岁的小女孩，也在抹泪。妇女看到红军过来，急忙扶老携幼，惊慌地跑了。

饶守坤大惑不解。到村里一了解，才知道坟里埋的是大刀会徒，在前几天袭击红军时，被打死了。这家人的生活很艰苦。饶守坤来到青年妇女家里，见她家确实一贫如洗，娘儿个蜷缩在墙角，吓得瑟瑟发抖。他走到灶前，掀开锅盖，锅里只有野菜。饶守坤鼻子发酸，好言劝慰了几句，然后派人送来一些粮食和旧衣服。

这件事对饶守坤触动很大。他看到大刀会徒基本上都是被欺骗和愚弄的贫苦农民，心想应改变对大刀会斗争的方针与策略。他找到王助商量。王助说：“我们与大刀会这样尖锐对立下去，是国民党反动派求之不得的。我们应从争取上层、教育下层两个方面入手，争取联合林熙明的大刀会。”

饶守坤给林熙明写了一封信，表明红军停战联合的诚意，并放林熙明的舅舅回去送信。林熙明马上派人送来回信，表示愿意与红军谈判合作。双方商定，由饶守坤带着一个连队人马，到“林营”去谈判。

林熙明的大本营，在政和县城南的宝岱村。村子在山顶上，只有一条小道直通山下。第二天，饶守坤带着这一连红军抵达山门。只见手持大刀长矛的会徒，摆列成阵，如临大敌。一阵盘问后，哨兵飞速传报。不一会儿，一伙人簇拥着林熙明迎上前来。他 30 多岁，中等身材，白皙的脸上长着短而密的络腮胡，他与饶守坤寒暄几句，落座在空场上的石桌旁。

西侧，林熙明的大刀会虎视眈眈呈半圆形排布；东侧，红军的一个连战士也威风凛凛呈弧形而列。双方队伍首尾相近，刀枪相对，气氛十分紧张。外侧，是被扣或阵亡的会徒家属，他们撕心裂肺地哭儿要夫。

饶守坤心想，林熙明摆下这龙门阵施压，但这不也正是向大刀会徒宣传红军政策的好机会？他站了起来，面向会徒和群众，一口气讲了这样几层意思：一是人质安全，请家属们放心；二是红军和大刀会都是穷苦人出身，不应相互残杀；三是国民党政府无能，军队和少数地主豪绅相勾结，共同欺诈残害老百姓；四是介绍全国风起云涌的革命形势，和红军日益强大的情况。最后指出，我们共同的敌人是国民党及其反动军队，只要联合起来，就能战胜敌人，人民才有活路。

饶守坤话音刚落，会徒和群众都称讲得好！林熙明面无表情，挥手示意撤去警戒的会徒，邀请饶守坤进房间单独细谈。

一进屋，林熙明就说：“饶团长啊，经你这一说，我真动心了。我糊里糊涂打了几年‘顺天救民军’的旗号，结果是顺了国民党，害了老百姓，伤了与红军的和气。”他话锋一转，诉起苦来：“我靠近国民党，你们不放我的人，靠你们，国民党又会掉转枪口打我们。我现在是六神无主，你说怎么办？”

宝岱村谈判旧址

“关键不在放不放被抓的人，而在路走得对不对。国家兴亡，匹夫有责，你的初衷不是想救国救民吗？我们红军正是为了拯救民族于危难，解救人民免遭涂炭。现在一切问题的坏根子在国民党政府及其军队，要是我们联合起来，打倒腐败无能的国民党，让民族不再遭日寇侵犯，让人民都过上有饭吃的日子。你说好不好！”

饶守坤一席话，说得林熙明兴奋不已。他来回转了几个圈，一拳打在桌子上，说：“好，我们联合，你放人吧！”他对外高喊一声：“拿酒来！”

会徒家属们杀鸡做菜，不一会儿摆桌上酒。饶守坤与林熙明按照大刀会习俗，同喝鸡血酒。他们对天盟誓：“苍天在上，黄土在下，如有违约，天惩地罚！”

红军与大刀会结盟后，林熙明的大刀会脱离了国民党控制，由敌人手里的工具，变成了红军的同盟军。后来，红军通过林熙明，还争取了浙西南一带的大刀会徒 1000 多人。

第十章　改造闽东北绿林军队伍

苏区时期，党和红军根据不同情况，对土匪武装实行利用、改造和清洗的不同政策。闽北分区委还采取“打入土匪中，实行分化政策。派遣同志去松溪、浦城、建瓯、顺昌等处股匪中，建立工作”。[①]

闽北红军来闽东北开辟新游击区，经常与占山为王的土匪武装打交道。与绿林队伍建立统战关系，有利于开辟游击新区，保存红军游击队的有生力量。

当时的闽东北地区，大刀会、土匪多如牛毛，“司令”“军长”比比皆是。这些土匪武装，主要有两种类型：一类是经济土匪，他们拉杆子占山为王，打家劫舍，图财害命。另一类是政治土匪，名曰土匪，实则是国民党别动队，被地主恶霸控制和利用，专干残害老百姓和与红军作对的事。

盘踞在古田西部五都的张春光，是闽东北最大的一支土匪队伍。张春光原是国民党钱玉光旅一个团长。蒋介石嫡系派收编和清洗地方武装，受到排挤，他带一部分人回到古田县凤都老家占山为王。

萧茂忠向负责党的工作的王助政委，详细汇报了地下党统战张春光的情况。了解了张春光底细，王助与饶守坤以红军领导人名义，给张春光写信，告知红军来闽东北活动，要求他在红军和国民党军队之间保持中立。张春光很快回信，表示愿意与红军合作，并邀请红军首长，到他的山寨去会面。

① 《中共闽北分区委第一次扩大会议政治决议案》，1931 年 4 月。

为了争取张春光，饶守坤带着几个人深入龙潭虎穴，到张春光老巢会面。在交谈中，张春光说他的人马没有经济来源，只能靠“捞”。饶守坤劝导他说：“‘捞’可以，但一不要捞穷人，要捞那些地主老财；二不要到我们游击区捞，要到国民党的统治区捞；三不要捞老百姓，抓人来当土匪。”饶守坤还向张春光详细介绍了红军的政策，和打土豪、分田地（或分财产），从而赢得老百姓支持的做法。

对于这“三不捞”，张春光完全接受，表示今后不与红军为敌，要加强配合协作。当下，饶守坤与张春光签字画押，签订了一块儿打国民党军队的“君子协定”。

在建瓯迪口的游击队，有了张春光队伍的合作，连续消灭了这一带的地主民团武装，大力发展农会组织，轰轰烈烈地开展农村土地革命，队伍很快发展到 100 多人。

据迪口革命老区编委会调查，红军时期迪口镇境内形成并经认定的老区基点村，有西坑、四种、天斗、池丹、油坑、江坑、梅岭、深洋、黄村、孔村尾、大布林、月岭、洪元、深溪、黄地洋、杉坑、罗村等 17 个村，其余为老区村。叶子生带领这支红军游击队，帮助各村普遍组织了自卫队和儿童团。

黄龙岩会议后，黄立贵率领闽北红军第二路队伍，准备到邵（武）顺（昌）建（阳）开辟新的游击根据地。粟裕、刘英领导的挺进师第四纵队，在闽浙边遭国民党重兵包围，与师部失去联系。纵队长王德义（又名王裔三）带着队伍，历尽曲折来到了闽北。王德义要求跟随黄师长，到新的根据地去打游击。

黄立贵率领红一团、红四团一营和挺进师第四纵队，西出建阳、邵武、顺昌，在上山坊一带与邵武独立营会合。为了便于指挥，黄立贵将部队整编为独立师第二纵队，纵队长由王德义担任，政委是原广浦县委书记吕生仔。纵队下设支队，原红四团一营为第一支队，原红一团为第二支队，原挺进师第四纵队为第三支队。干部相互间也作了调整，挺进师很多干部，重用到闽北红军的两个支队担任领导职务。

纵队以上山坊一带为根据地，各支队在笔架山南北、富屯溪两岸辗转战斗，各自活动。每活动一个阶段，便回到上山坊一带休整，顺便把缴获的物资集中起来，派人送去闽北分区委机关。[①]

部署好邵顺建游击区的工作，黄立贵带领第二纵队二支队，向闽东北地区挺进。根据中央在长征路上发来的电报，和闽北分区委黄龙岩会议决议，黄立贵亲赴闽东，去寻找叶飞的部队，以实现闽北、闽东两块游击区战略上的联合。

黄立贵带着这支部队，昼伏夜行，经建瓯县洋口（今属顺昌县），沿着富屯溪到峡阳，又穿越茫荡山，跨过建溪，首先来到迪口镇。

黄立贵留在迪口的这支红军游击队，已发展到百余人。黄立贵到迪口后，将这支游击队改编为独立营，营政委仍是叶子生。

听了叶子生关于张春光绿林军队伍的情况，黄立贵决定采取进一步合作的策略，争取张春光。他给张春光写了拜山帖，来到古田凤都张春光的老巢。

张春光不敢怠慢，亲自下山迎接。黄立贵赞扬了张春光不愿在蒋军中助纣为虐，虽然落草为寇，却能与红军和平相处，信守盟约，不打劫穷苦百姓，是个“替天行道”的英雄豪杰。张春光提出自己的担忧，认为据守凤都只是权宜之计，如果国民党军队大举“进剿”，毫无回旋余地，表示愿与红军联合，共同抗敌。

张春光召集部下一起协商。凤都张营山寨大厅里，大小头目按辈分依次排列。黄立贵向他们阐述了红军的性质、任务。当时，东三省沦陷，日军正觊觎华北。中共闽北分区委在游击战争中，号召各地开展抗日反帝斗争。黄立贵说：“我们红军的任务，是团结凝聚全民族的一切革命力量，去对付当前的日本帝国主义与国民党卖国贼。不论什么人

① 陈仁洪：《从闽北到皖南》，福建人民出版社，1985 年 5 月，第 100 页。

什么派别什么武装，只要反对日本帝国主义与卖国贼，我们都应该联合起来。”

这些头目，多数曾经是国民党地方部队的低级军官，过去他们受到蒋介石嫡系的排挤，结果与张春光一起落草为寇。在与红军合作中，他们亲眼看到红军是一支全心全意为中国人民、为中华民族的队伍，其理想之宏大，纪律之严明，组织之严密，是任何旧军队所无法比拟的。会上，除少数人反对外，大多数都赞成与红军联合。

古田县党史资料记载：“闽北独立师师长黄立贵率队由建瓯迪口进入古田境内的后溪、半山、长坑、六空一带活动，争取了古田张春光股匪，并将其收编为一个营。”[①]

黄立贵带着二纵队，又一次深入仙山。在大坂厂交通站，黄立贵与红二团团长饶守坤、政委王助，一起分析了闽北分区委关于开展游击战争的新策略，总结了争取林熙明大刀会、张春光绿林军的经验。他们认为，闽东北的大刀会与土匪武装，虽然是对立的两个群体，但总体上来说，都是穷苦的农民构成，是游民无产阶级的一部分。既然闽东北地区大刀会、匪患如此严重，国民党政府和地主豪绅也无可奈何，只能靠不惜血本，要么收买，要么清剿，我们就要利用他们与国民党的这种矛盾，坚决贯彻闽北分区委黄龙岩会议制定的新策略，分化敌对势力，争取大刀会，改造绿林军，壮大革命的力量。一时不能争取和改造的，也要采用联合的办法，加强统一战线，使他们不与红军作对。只对少数顽冥不化，死心塌地与人民为敌的大刀会和土匪武装，坚决予以打击。

确定了这样的思路后，黄立贵从红二团驻地北上，来到建瓯县川石附近。这里是周汝春、叶全兴率领的红三团游击区域。

① 《中共古田党史大事记（新民主主义革命时期）》，《古田党史资料》1985 年第 4 期。

红三团开赴到达川石后，在建（瓯）屏（南）政（和）三县交界的后坪村，开辟了一小块隐蔽的革命根据地。后坪村有10个自然村组成，海拔都在600米以上。这里易守难攻，红军的活动能进退自如。红三团“在后坪村休整期间，先后驻扎和活动过的村子有：后坪、下坪、上坂、饭坑、菲仔坑、溪底、迎上、大坂、大卷等自然村，红三团官兵与百姓融成一处，水乳交融，至今老百姓中还流传着当年红军对百姓秋毫无犯的故事”。[①]

黄立贵将红三团的队伍作了调整。派韩奏三率一支30多人的红军队伍，从后坪根据地出发，到屏南县东南部的熙岭一带，去开辟新革命根据地。又将建瓯迪口叶子兴独立营，调到建松政，编入红三团，配合建松政中心县委开展工作。临离开时，黄立贵还将红三团最能打仗的五连，补充到第二纵队（红一团）第二支队。

黄立贵带着第二支队，从后坪到政和县宝岱村，去会“老朋友”林熙明。

身穿黄袍的林熙明，早已在“金銮宝殿”前布起神坛，碗里倒好烧酒。一声号响，传来黄立贵师长到来的信号。“林营”立即锣鼓喧天，鞭炮齐鸣。只见黄立贵目光炯炯，疾步而来。

黄立贵与林熙明抱拳寒暄几句。主持祭祀的人高喊一声：“吉时到，会盟！”林熙明牵着黄立贵的手，走向“神坛”。一名会徒将公鸡高高举起，另一名会徒持刀向鸡头一割，他们将鸡血淋进酒碗里。林熙明托起一炷香递给黄立贵，自己也点上一炷香。两人并肩而立，仰天祷告：“皇天在上，后土在下。今天我们歃血为盟，有难同当，有福同享。如有违约，天惩地罚。”誓毕，两人端起酒碗，将血酒一饮而尽。

黄立贵宣布，为了表示红军与大刀会合作的诚意，红军派红三团参谋长周觉华进驻大刀会总坛，指挥作战。同时，红军向大刀会赠送

① 林世钦主编：《川石革命老区》，南新出内部书报刊第99100号。

部分枪支弹药。林熙明也宣布，今后大刀会不许勒索贫苦百姓，在经济问题上执行红军打土豪的政策。

会盟后，国民党五十六师一个营从政和县南路“进剿”，周觉华指挥红军和大刀会，采用诱敌深入的战术，将敌人引进包围圈。红军一阵猛打后，带着大刀会徒冲向敌阵，杀得敌人人仰马翻。此次战斗，缴获100多支枪，红军将大部分枪支留给大刀会。林熙明尝到甜头，为了表示与红军结盟到底，将“顺天救民军”的旗帜改为“爱国抗日救民军”，封周觉华为首席机将，并学习红军打土豪开仓济民的做法。此后，林熙明配合红军作战，取得了多次胜利。

宝岱村东南方向几十公里，便是洞宫山。这里，是政和、屏南、周墩（今周宁）三县的交界。黄立贵与洞宫山的陈家辙队伍取得了联系。

闽东红军叶飞曾经到这一带活动过。“每次在村里住一两个晚上，夜晚开会，发动群众，组织游击队，并指导村游击队如何防备敌人‘围剿’，如何打击和歼灭敌人”。①

在政和县仰头村及一溪之隔的屏南县岩后村，黄立贵又一次见到了张家镇、张发桢、张家太等青年。这时，他们都已成为闽东党组织所发展的党员。闽东党组织派交通员吴华禄，化名张和禄，到仰头村以行医为名，进行秘密建党工作。在吴华禄引导下，张家镇、张发桢等人走上了革命道路。不久，成立了政屏中心区委，并在岩后、仰头、文山、大窠等村成立贫农团。这一带，成为闽东红军的游击根据地。红军打完仗后，经常到这一带宿营。红军伤病员，也安排到这里治疗。

政屏区苏维埃政府主席张发祯，负责红军医院工作。张发桢因为一头斑驳白发，外号白头顶。他于1913年出生于屏南县双溪镇岩后村一个贫苦家庭。张发桢母亲早亡，兄弟3人靠父亲佃种地主几亩薄田生活。12岁时，张发桢被送到建瓯县富地村，跟着在那里开诊所的堂

① 林麟、苏堤：《岩后革命基点村史料》，《屏南文史资料》1984年第2期。

叔张祥吉学医。张祥吉在当地开有一家诊所，是远近闻名的外伤科医师。张发桢学医 4 年，学成回来，在政和县仰头村定居，诊病行医。红军医院开设后，张发桢经常将师傅张祥吉请来，为受伤的红军诊疗。

政屏一带，当时有汤德崇、薛绍涛、薛志浩、李祖愿、李祖侗“五大头”土匪 。张发祯的师傅张祥吉医师，从政和返回建瓯富地，途中被“五大头”中的薛绍涛、李祖侗绑票，索要 100 块大洋赎人。因为闽东红军游击队转移到外地，张发祯正为营救师傅的事发愁。

张祥吉医师诊所在建瓯富地，黄立贵让张发祯去仙山找王助政委，营救张祥吉医师。张发桢来到仙山，找到王助政委，提出营救师傅张祥吉的请求。

经过王助一番精心策划，张发桢到接头地点送信，与土匪约好一手交钱、一手交人的时间地点。王助派出红军一个排长，与张发祯两人装作老医师家人，到九仙山顶的岭头山庙与土匪接头。暗中，布置这个排红军战士，化装成老百姓，潜入山庙周围。

匪首薛绍涛、李祖侗，见来人提着一个箱子上山赎人，有恃无恐地带着几个匪徒过来验货。张发桢假意诉苦，说：“100 块大洋一时凑不齐，能不能先交这一半。”薛绍涛蛮横地说：“不行，少一块大洋也不行，否则撕票！”

红军排长带领装扮成香客的红军，悄悄围了上来。薛绍涛、李祖侗见形势不对，掏枪往山庙里躲。红军战士果断开枪，将 2 名匪首击毙。接着，包围山庙，又击毙 3 名顽抗的匪徒，活捉 12 人。红军在山庙地窖里，救出张祥吉老医师和 2 名妇女。

消灭了这股顽固不化的土匪，王助、饶守坤根据闽北独立师对付绿林军的新政策，又去做屏南土匪头子徐邦基的工作。

徐邦基是个老惯匪，原是国民党海军陆战队队长，后盘踞在屏南县老城东关一带为匪，手下有二三十条枪。这股土匪“兔子不吃窝边草”，专门到外地抢东西。除了抢东西，徐邦基还经商，什么布匹、药品、子弹和粮食，都能搞到。红军进入闽东北山区后，上述物品奇缺，有钱也买不到。

王助派人与徐邦基接头，提出让他弄到这些物资，解决红军部队的生活问题。徐邦基表示，愿意为红军做事。为了进一步利用和改造徐邦基这支绿林队伍，红军给了徐邦基“屏南独立营”的番号，并派5个人到“徐营”工作。

徐邦基队伍里有两个青年，一个叫徐功登，一个叫王意同，两人是好兄弟。徐功登勤学苦练，练就一手好枪法，是个神枪手。他们受到革命思想影响，开始厌倦亦兵亦匪的生活。

徐功登和王意同想当一名真正的红军战士。在一个下着倾盆大雨的夜晚，他俩爬上围墙，翻过栅门，避过哨兵，逃了出来。两人借着闪电的微光，翻山越岭，来到水竹洋村后的山顶上。

天亮后，他们下山到水竹洋，找到红军军营，诉说了投奔红军的请求。红军干部知道这两人是徐邦基手下，谁也不敢答应收留他们。正在这时，他俩看到一个经常到徐营的熟人，穿着威风凛凛的军装，便向他央求参加红军。

这个人叫孙绍清，是屏南老城东关一带人。孙绍清参加革命后，被派回老家，到徐邦基的老巢做统战工作。经王助政委批准，徐登功、王意同加入了红军队伍。

第十一章　上楼战斗引来闽东红军

青年叶飞

闽东红军独立师，是在北上抗日先遣队过境闽东地区时成立的。攻打福州失利后，红七军团折向闽东。

在连江境内，红七军团与连江中心县委取得了联系。他们应连江中心县委请求，打下罗源县城，接着北上福安。叶飞闻讯，率领闽东独立二团赶到赤溪迎接，与红七军团会师。

在军团部，军团长寻淮洲、政治委员乐少华、参谋长粟裕、政治部主任刘英等人，听取了叶飞汇报。寻淮洲对闽东的情况表示赞许，并提出，闽东党政工作已有统一领导，应该建立一支主力红军。

闽东过去没有成立师以上的军事指挥机构，主要是缺乏军事领导干部。红七军团离开时，留下100多名伤病员，团、营、连、排干部都有。他们还将罗源战斗所缴获枪支交给连江独立十三团，多余的百余支步枪交给闽东独立二团。有枪有兵有干部，这样闽东独立师成立了，闽东苏区也迅速扩大。

蒋介石将闽东苏区划为闽赣“绥靖”区第十二区，派出10万兵力前来“围剿”。闽东独立师在福安彭家山与新十师激战终日，伤亡都很大。闽东红军撤到寿宁三岔岭，又中了敌人埋伏，只剩下500多人。叶飞带着这支队伍，跳到苏区外围宁屏古地区开展游击战争，并与在宁德边区坚持斗争的阮英平会合。

20世纪80年代，古田县委党史办在国民党时期档案里，发现《县长张海容令警察队长汪瑞钧》训令，并“附抄发原匪函一件”。这封《杨赢给安德县委暨陈鸿嫩妹、小郭暨宁德县委诸同志信》，经范式人认定，“是阮英平同志写的，用杨赢的近音字”。[①]

阮英平在信中，首先写在周墩找到叶飞的经过，接着讲述周墩一带的情形：“我由宁德动身，于古3月29到达周墩，刚刚周墩增了二营兵，这边军事戒严，找不到小叶。在这边便衣队很多，至4月初4，才找到小叶接头。……过去十一、十三两支队游击，内面也没有开会，完全不懂得革命，名系游击行动，全是土匪化……后经小叶二团到这边来，把他集中编为一个独立营，几个坏蛋给小叶开除，比较好一点，并把凤山区工作团召到周墩后，组织了临时县委领导……”

第十一支队是凌福顺任支队长的游击队，第十三支队未见史料记载。范式人在给古田县委党史办的函复中说：“此件中有两个游击队，过去我不清楚，因为我在闽浙边，这个发现也很好，证明周墩两个游击队仍存在，虽然纪律坏，还不是反了革命，是三年游击战争中，周墩的革命武装，为以后重组独立师部队的一部分。”

叶飞与阮英平会合后，便到寿宁去开辟以甲坑为中心的岗垄游击根据地，阮英平留在宁屏古游击区活动。

北上抗日先遣队失败后，粟裕、刘英奉命组建挺进师，来到浙西南地区打游击。1935年10月5日，挺进师师长粟裕率100多人，从浙西南到达岗垄根据地，在甲坑村郑家坑自然村与闽东独立师胜利会师。粟裕和叶飞在交谈中，一致认为：敌人为了消灭闽浙赣边区的红军，成立了“闽浙赣皖四省边区‘剿匪’总指挥部”，而闽北、闽东、浙西南三块游击区却各自为战，互不联系，这是很不利的。如果三块游

① 《范式人同志的函复》，《古田党史资料》1985年第3期。

击区取得密切联系，即使一时难以统一行动，但只要在战略上相互协调，相互策应，定能更有力地打击敌人。

基于这样的认识，他们一起来到浙江泰顺县境内，找到挺进师政委刘英。闽东、浙西南红军领导人一致决定，成立中共闽浙边临时省委。经协商，临时省委由刘英、粟裕、叶飞、黄富武、刘达云、范式人、阮英平等 11 人组成，刘英为书记，粟裕任组织部长，叶飞任宣传部长兼团省委书记、闽东特委书记。同时，成立闽浙边临时省军区，粟裕任司令，刘英兼任政委。①

黄立贵在洞宫山，得知叶飞率领闽东红军主力，已到闽浙边活动。黄立贵立即率领第二纵队二支队，从洞宫山向寿宁方向挺进，去寻找叶飞部队。但是，由于敌人封锁严密，闽北红军对这一带地形不熟，又找不到向导，无法突破敌人封锁线。他们无奈地折转返回仙山地区，准备从屏南去寻找阮英平率领的闽东红军。

11 月 11 日，黄立贵率领闽北独立师第二纵队二支队，与王助率领的一支游击队，在建瓯黄连坑会合。王助带来了交通员送来的情报：前几天，阮英平带领陈国祥、甘国蓬红军游击队，袭击了棠口镇潘美顾医院，并在返回宁屏古根据地途中，在石坊岔发生激战。

北上抗日先遣队过境闽东后，陈国祥、甘国蓬在周墩县的柿洋村，会见了闽东独立师政委叶飞。老红军王启高回忆：“回屏南时，叶飞同志派吴华禄（屏南地下区委书记）、吴华喜同志和我们一起回来组织地下游击队。从此，我们表面上搞‘王子会’活动，暗中做扩大游击区工作。”②

游击战争中，红军缺医少药。阮英平派地下党到棠口潘美顾医院购买药品和急需的医疗器材，遭到英国籍院长和传教士拒绝。几天后，

① 粟裕：《回忆浙南三年游击战争（节录）》，《平阳党史资料》第 1 期（总第 30 期），1987 年 6 月。

② 王启高：《老红军王启高革命回忆录》，《屏南文史资料》第 7 辑。

阮英平指挥陈国祥游击队包围潘美顾医院，不费一枪一弹，缴获大批药品和器械，还有食品、衣被等物资。

游击队运送药品、器械，到周墩碧岩闽东红军后方医院途中，在寿山村石坊岔遇到保安团堵截，屏南县警备队也闻讯赶来助战。陈国祥为掩护游击队将这批急需的药品、器械送到后方医院，在战斗中七处身负重伤而被俘，后被敌人杀害。

黄立贵和王助带着这支闽北红军队伍，向屏南县境内挺进，去寻找闽东红军游击队。

他们来到上楼村。上楼村是位于屏南西北部的一个山村，村子地势较高，村前有块开阔地。村子虽然不大，但驻着国民党第八区的壮丁队，队长是地主李惠民。李惠民组织了一支民团武装，国民党第八十七师来屏南“清剿”红军游击队时，在农村整顿保甲，组织和训练壮丁队，以李惠民的民团为基础，成立了第八区壮丁队。此时，李惠民命令壮丁队，紧闭山门，阻止红军进村。

红军展开政治攻势，向村里喊话：“老乡，我们红军是穷人的队伍，是打土豪劣绅的，不要害怕，快打开山门。”村民们早就听说红军到了仙山地区，看到这支队伍服装朴素，军容严整，态度和蔼，不像地主宣传的那样，红军见人就杀，见到财物就抢。寨子外的田野里，一群鸭子在田边戏水觅食，若是国民党军队或者土匪，早就下田捉了。而这些红军，对这些鸡鸭以及堆放在田里的地瓜，都秋毫无犯。村民们看到红军扎制竹梯，准备强行进攻村寨，几个胆大的贫苦农民商量后，悄悄打开山门，放红军进村。

红军进村后，大部分战士包围了李惠民的大院，监视地主武装动向。炊事班开始埋锅做饭，红军战士则走家串户，买东西给钱，借东西归还，并向群众宣传红军救国救民的职责使命。群众见红军确实是一支有理想有纪律的军队，主动帮助红军筹集粮草油盐，提供情报，劝说壮丁队投降。

第二天，全村群众的房门都打开了，只有地主李惠民家的大门紧闭。壮丁队依据高大围墙和炮楼碉堡，准备与红军对抗到底。黄立贵依据地形，指挥战士登上民房屋顶，向炮楼射击，手榴弹也在炮楼周围爆炸。战斗持续近一个小时，壮丁队死伤 3 人，队长李惠民腿部被击中。壮丁队争相逃命或投降，李惠民也躲了起来。红军占领了土豪大屋和炮楼，缴获一批枪支弹药。在清理战场时，将李惠民从倒扣的粪桶下抓出来。红军打开地主李惠民的粮仓，把没收的粮食、财物分给穷苦百姓。

黄立贵决定，部队在上楼休整一天。

13 日早晨，红军先头部队离村出发，黄立贵和师部 30 多人，最后撤离。突然，机枪声大作。国民党驻建瓯五十六师工兵营，侦察到红军到了上楼村，从黄连坑一路追踪过来。红军先头部队依托有利地形，阻击敌人进攻。一个多小时阻击战中，有几名红军战士英勇牺牲。

危急关头，红军首先想到的是群众的生命。黄立贵安排村民撤退到后门山边民房，又命令红军退守村尾，住进四周有高墙和碉堡的地主大屋里，以便与敌人战斗。

村西北山头上，又来了一股敌人。在屏南“清剿”红军游击队的国民党新十一师第一团尹营，打探到红军围攻上楼村消息，连夜赶来。听到枪声，以为红军被壮丁队阻击在村外。他们登上东南方向的山冈，向上楼村后梯田猛烈开火。国民党第五十六师工兵营，也以为是红军援兵到了，分兵迎击。两股敌人相互打起来。后来感觉不对劲，才发现是误会。

两股敌人共 1000 多人，联合起来，包围了上楼村。敌人听说黄立贵被围困在地主院子里，高兴地叫喊：“‘共匪’头子被围了，抓住黄老虎，去领赏金！”成排成连的敌军，在机枪掩护下，向大屋猛扑过来。

红军虽然人少，但个个斗志昂扬，待敌人近了，就扔手榴弹将其打回去。敌人向后退，再用步枪瞄准射击。黄师长下令，要节约子弹，打不死敌人的枪不打。他自己是神枪手，不时从战士手中接过枪来，弹无虚发，一枪撂倒一个敌人。从清晨战斗到中午，红军打退了敌人6次进攻，碉堡四周尽是敌人尸体，粗略一数，有400多具。

敌人改变战术。第五十六师工兵营在火力掩护下，有一路冲到墙根下，利用死角“嗵嗵”开始挖墙。炊事班刚烧了一锅开水，准备送上火线。黄立贵让炊事班战士爬到梯子上，将几桶滚烫的开水，向挖墙的敌人兜头浇下去。敌人猝不及防，烫得哇哇直叫，连滚带爬逃了回去。

土攻失败，敌人改用火攻，开始焚烧民房。霎时，浓烟四起，火焰冲天。逃在山林里的群众，见自己房屋被烧，有的拼命下山抢救。疯狂的国民党士兵掉转枪口，向手无寸铁的群众扫射，当场打死打伤多人。后来统计，被烧房屋13座，全村有33户无家可归。[①]

战斗到下午三四点钟，红军子弹所剩不多了。黄立贵从枪眼里巡视一会儿，从机枪手的手里拿过机枪，又将几颗手榴弹挂在腰上，招呼几个战士跟他去拿子弹。黄立贵打开大门，向着敌人扫出一梭子弹后，将手榴弹投入敌军掩体。骤然打击，让敌人晕头转向。战士们跟着黄立贵冲出来，有的将敌人丢下的整箱子弹扛回，有的取下敌尸上的武器和手榴弹。待敌人回过神来开枪时，他们已返回碉堡，关上了大门。

晚上8点左右，敌人筋疲力尽，后退几十米，开始生火造饭。黄立贵感到突围时机到了。他专门让那个大个子战士，帮助高度近视的师政治部主任王助。

突围开始，黄立贵一手持梭镖，一手举着两个手榴弹。大门猛地打开，黄立贵扬手甩出手榴弹，炸翻门口敌人的机枪，呐喊着冲了出去。敌人没想到红军这时候突围，待组织力量反击时，红军已冲过门口开阔地，边打边撤。一会儿，便进入到茂密的森林中。敌人的机枪吼叫着，

---

① 屏南县文史组：《红军在上楼战斗概述》，《屏南文史资料》第6辑。

像是在为红军送行。

天色昏暗，黄立贵高喊一声："黄立贵在此！"红军战士听到师长声音，立即靠拢过来。队伍迅速完成集结，夜行60多里，到达岩溪坑交通站，在险峻的山头上休息。

次日天色微明，国民党保安五团两个连，搜索追击到岩溪坑。黄立贵得到情报，立即在岩溪两侧布置伏击。当这股敌兵大摇大摆进入岩溪坑山沟时，红军出其不意，用火力封锁住两头沟口，一阵猛打，敌人死伤惨重。红军战士把在上楼被围困的怨气，全部倾泻到这股敌人身上。持续近一个小时战斗，将其全部歼灭。

消灭了保安团这两个连，红军队伍回到大坂厂、水竹洋革命根据地休整。参加上楼战斗的红军游击队员詹云金回忆："几位领导决定把队伍带到大坂厂休整。途中遇到国民党保安团两个连，我们一阵猛打，不到一个小时，就把敌人消灭了，缴获了长短枪、弹药和一挺轻机枪。在屏南上楼战斗中，我们也牺牲了好几个队员，不少人受伤。我的大哥詹云福牺牲了，李小赖右眼被打瞎。队伍在屏南水竹洋停留几天休整。水竹洋村子不大，老百姓把家里的粮食全部拿出来给我们伤员吃，伤员们看到群众这么关心，感动得流下了眼泪。"①

上楼战斗打响时，闽东独立师第二纵队从交通员送来的情报中，得知闽北红军到达上楼村，并被敌人围困，情况危急。陈挺率领闽东独立师二纵队，在甘国蓬游击队配合下，立即绕道路下乡，向上楼村靠近。

16日，在仙山地下党交通员引导下，陈挺率领闽东红军，黄立贵率领闽北红军，都来到屏瓯边的柯坑村，两支红军队伍首次实现了胜利会师。

陈挺将军回忆："闽北独立师突围出来后，我们闽东独立师与他

① 詹云金：《屏南上楼突围战》，《福建党史月刊》2005年11期。

们会师，会师地点是屏南、建瓯交界处的高山村。该村离上楼二三十里路，如果屏南县境一侧没有高山村，那么就编在建瓯县境了。会师后，我们警卫班班长外国佬（福安人），讲得满口福安话，大家听不懂，所以大家叫他外国佬。作战很勇敢，很机智，黄道同志把他要去当通讯员。会师后，我带领闽东独立师转到浙江泰顺一带活动。”①

“高山村”系“柯坑村”的谐音。仙山地区建瓯一侧，有个柯坑村。屏南县境内大碑村附近，也有一个柯坑厂。后来，屏南县党史部门认定，闽北、闽东红军第一次会师的地点，是在屏南县柯坑厂。

黄立贵与陈挺会谈，就下一步如何联合开展屏瓯、屏宁、政屏游击区的活动进行了商讨部署。两支红军队伍共同在山峰村，设立了闽东北交通站，留下吴国倪（闽北独立师）、吴国灶（闽东政屏县委）、陈乃贵（闽北建松政县委）三人为交通员，负责沟通闽北与闽东两支红军部队的联系。

黄立贵派韩凑三到屏南东南部山区，在屏南、古田交界边区开辟下马溪革命根据地。闽东红军在宁德、屏南、古田三县交界，也开辟了天湖山革命根据地。这两块根据地地理位置接近。

韩奏三率闽北红军第三团30多人，从建瓯川石，来到屏南县熙岭地区，在陈目洋、大段、溪里、程地、下马溪一带活动，开辟新的革命根据地。下马溪一带地域狭小，要想打开新局面，就必须到邻近大的村庄宣传发动。

韩奏三到来后，给熙岭村倾向进步的青年张良栋写信联系。张良栋名义上是“屏南县东区联合团”的武装队副队长，实际上是“白皮红心”的革命青年。张良栋应约而来，韩奏三与他商讨具体事宜。

韩奏三说：“红军游击队到这里创建革命根据地，迫切希望拥护

① 陈挺：《关于屏南党史大事记的讲话》，屏南党史座谈会发言，1983年9月。

革命人士，在人力、物力、财力等方面的配合。”张良栋表示同意，并立即返回熙岭，发动进步青年为红军担任向导，发动进步妇女帮助缝制子弹袋、军帽和军鞋。张良栋还通过秘密渠道，为游击队购买枪支弹药、日常用品和运送粮食。

韩奏三带领这支游击队，组成小分队奔赴周边乡村，深入农户宣传革命道理，组建贫农团，建立革命根据地。许多进步青年被动员参加了红军游击队，队伍人数从30多人，很快发展到100多人，成立了闽北独立师第三纵队第七支队，韩奏三任支队长兼政委。

韩奏三在前坪村召开贫农代表大会。下马溪周围，北至代溪南山、官岭、上培，南至岚田头，东至前塘、前溪桥、西至陈目洋等村庄的贫农代表，参加大会，选举产生了宁屏苏维埃政府。在岭兜厂召开党员会议，成立了中共溪里支部，沈久伍任支部书记。他们还在一些条件成熟的村庄发展党员，组建贫农团和抗租团，设置交通站和情报站。革命活动范围发展到甘棠、屏城、代溪、熙岭等乡镇的许多村庄。

闽北、闽东红军会师后，阮英平也在宁屏古交界的天湖山，成立中共宁屏古县委和宁屏古苏维埃政府，设立了宁屏古县委天湖山交通站，负责人彭方花。不久，又组建了宁屏古交通队，余养雄任队长，共有队员19人。

闽北、闽东红军有了联系后，下马溪、天湖山这两块游击根据地，开始相互支援、配合。

第十二章　巩固发展闽东北游击区

上楼战斗后，黄立贵师长率闽北独立师第二纵队二支队，击溃屏南葛畲民团，俘获葛畲村土豪苏隆江。之后，转移到建瓯小溪一线，与敌周旋。

王助、饶守坤率红二团主力，连续在屏南的村头、南湾、远丘、厦地、周洼山、前院等地，及建瓯玉山街至迪口大路两侧，以游击战方式，扫除这一带乡公所和地主民团武装，发展基点村和基本群众，使玉山、迪口、下马溪三块革命根据地连成一片。

闽北红军在闽东北开辟游击新区，进入到蓬勃发展的时期。鹫峰山脉南北，建立了以东平为中心的建（瓯）松（溪）政（和），以宝岱为中心的政和南部，以后坪为中心的建瓯东部，以富地为中心的屏（南）古（田）（建）瓯，以迪口为中心的南（平）古（田）（建）瓯，[①] 以及洞宫山、下马溪等几小块隐蔽的游击根据地。

这几块隐蔽根据地，都处在人烟稀少的深山之中，贫苦农民支持革命的积极性高。红军游击队以这几小块隐蔽游击根据地为依托，通过星罗棋布的地下交通站传递情报。摸准敌情后，红军游击队便跳出去游击，打几个乡公所和土豪，将粮食物资分给当地贫苦农民，扩大红军影响。打完几仗后，再回到隐蔽根据地休整。

红军游击队在隐蔽根据地里，军民关系水乳交融。红军帮助群众

① 中国人民解放军历史资料丛书编审委员会：《南方三年游击战争·闽北游击区》，解放军出版社，1993 年 8 月，第 283 页。

插秧收割，每天一起床便清扫村庄卫生，生活仿佛一下子又回到了以前的苏区时期。

闽北红军在闽东北地区开展游击战争，让国民党福建省当局坐卧不安。1935 年 12 月，驻闽“绥靖”公署派五十六师刘和鼎部、新十一师周志群部、八十七师二六一旅刘安琪部、九师二十五旅张琼部，进驻闽东北，负责对屏瓯边区、政屏边区和宁屏边区进行“围剿”。省保安处派遣特务孙经文等三人，指导省保安部队第二、四、五各团，整顿和严密地方保甲制度。

红军游击队以这几小块根据地为依托。当敌人来这块根据地“清剿”，形势紧张时，红军游击队便转移到另一块隐蔽根据地里休整。失散的游击队员或受伤的战士，只要来到根据地的基点村，也总能得到地下党和基本群众的暗中帮助，直到重新归队。

上楼战斗后，黄立贵率闽北红军到大坂厂、水竹洋的隐蔽根据地休整。曾镜冰回忆：“因那时候已经走不掉了，一无粮草子弹，更无援兵，伤兵又多，只有在群众的掩护下才保存了力量。当地几家群众拿出了全年的口粮供应部队，想尽一切办法搞草药，医治伤兵。人民群众虽然自身的生活非常苦，整年吃白薯干过日子，但看到我们伤员需要营养，就设法出去买少量的肉（多了会暴露真相），并拿出自己的老母鸡送给部队。”[①]

仙山的红军伤病员，都安置在群众家里治疗。随着红军在仙山地区战斗频繁，伤病员增多，亟须建设一座稳定的后方医院。

萧茂忠一家人和水竹洋村的贫农团骨干，在大坂山谷的密林里，选择几处平整的地方，砍掉树木，清除杂草，辟出地基。又齐心协力搬来山石，砌出围墙。接着，用砍伐的木料架起屋坡，铺上茅草。很快，9 座茅草屋便在山谷密林中搭建起来。一所简易的红军后方医院，终于建成了。

① 曾镜冰：《忆黄立贵师长》，载《闽北党史回忆集·第一集》，1959 年。

大坂峡谷，山高谷深，云雾环绕，古木参天，地形隐蔽，又有水源，是游击战争条件下，红军养病疗伤的好地方。

红军后方医院的用品，多数是就地取材。他们垒起几块石头，架起木板，垫上一层防水的油纸，再铺上厚稻草，便是温暖的病床。砍来毛竹，制成竹桌、竹凳、竹杯等生活用品。药物器械，除了战斗中缴获，多数也是就地取材。医疗敷料紧缺，他们便将蚊帐布经过洗涤和高温消毒后当纱布，旧棉花经过洗三道、煮三道当药棉，食盐经过加工制成消炎药水。

在富地村行医的外伤科医师张祥吉，成为负责为红军伤病员治病疗伤的主治大夫。萧茂忠一家是客家人，祖祖辈辈生活在高山上种青制青，留传下许多使用中草药的“单方”“秘方”。萧家人采来深山草药，配制成方药。较普遍采用的中草药有杜鹃花、车前草、六月雪、枇杷叶、苦菜、冬泡刺、凤尾草、南瓜心，还有蜂蜡、猪油等。他们用这些中草药，加工成药膏或药粉。例如，采用蜂蜡拌猪油制作药膏，用苦菜、杜鹃花、冬泡刺加工药粉，对医治创伤效果都很好。

后方医院的西药，许多是从四五十里外的古田县平湖镇买来的。萧家人经常和水竹洋村的王增辉、王朝佑等贫农团骨干，装作结伴赶墟的农民，到平湖为红军后方医院取回药品。

平湖街过去被称作“岭头街”，因街道高居岭头得名。这是一条狭长的“合掌街”，主街长约300米，架着桥亭式雨盖，无论晴天雨天，屏、古两县的商贾都来来往往地做着生意。各村寨生产的米、麦、笋干、粉干、红曲及家禽家畜等商品，都挑到这里来交易；外地的京果、糕饼、烟酒、中药、西药、

红军后方医院遗址

雨伞、陶瓷等，也在这里集散周转。所以，岭头街每天皆圩日，非常繁忙。

岭头街北向有条“一保街”，街上有家西药店，药店里有个“初庄同志”。红军后方医院需要的西药，都是由“初庄同志”到福州或古田县城买回备好。萧家人先到一保街，与“初庄同志”接头，将西药取回，再与水竹洋村的王增辉、王朝佑等人，将药品伪装起来运回。

他们将西药藏好，背着背篓，或挑着货担从平湖回来，经过旧镇的检查关口，来到横坑村。横坑村西头，有一家陈老四客栈。村东头，有一条约 10 里的蜿蜒山路，直通大坂山顶。他们往往要在陈老四客栈歇歇脚再走。

横坑村是个三县通衢的地方，当时的路面就有一人多宽。往西，过建瓯峡头，通向建瓯玉山；往东，经黄家寮、上乾通往屏南路下；往南，经旧镇、平湖，通往古田县城。

陈老四，因兄弟排行第四得名。陈老四家很穷，一生没娶到老婆，是个光棍。红军来后，他开起客栈。陈老四客栈是一幢土木结构的两层建筑。

当时，挑山货外出的农民、挑日用品进山的货郎，常在这个客栈里歇脚。红军来往人员，也经常混入其中。

红军在横坑村成立有贫农团，有团员十多人。贫农团长叫吴福宁，他是由“萧老虎”单线联系的“接头户”。吴福宁负责为红军采购粮食、食盐、手电筒等日常生活物品。吴福宁不知道“萧老虎”真实姓名，也不能直接上山，双方接头时一般不见面。山上红军需要什么，“萧老虎”便在约定的地方做暗号。吴福宁看到暗号，便想方设法采买来需要的生活物品，挑到指定地点，放好便回来，再由“萧老虎”派人挑上山。

曾经在游击战争最艰苦的时期，有个红军伤员伤口化脓，浑身长满疥疮。他在深夜里，被人从山上送下来，摸到吴福宁家。吴家的土墙很厚，吴福宁架上木梯，让红军伤员躲在墙顶上睡觉，没有人时就下来。吴福宁的妻子吴柳英，熬了草药，天天为他擦洗伤口和疥疮。

这个红军在吴福宁家住了近一个月，痊愈后归队。

地下党的工作是十分秘密的，除了建立和掌握着四通八道的交通，还帮助红军掌控游击区的政权。

闽东北山区的村寨，国民党主要靠乡镇联保和保安队、地主民团控制。只要打掉这些保安队、民团，控制住保甲长和地主，农村的实际领导权，便转移到了红军游击队的手里。

地下党运用“白皮红心”政策，选拔一些立场坚定的党员或基本群众，“派进去”担任保长和联保主任，以公开身份应付国民党政府的工作，与敌人巧妙周旋，在刺探敌情、购买枪支、掩护同志、开展群众工作等方面，发挥着特殊作用。

红军游击队对于一般的保甲长，也采用与他们谈判的办法，积极争取。红军游击队经常突然袭击，来到某个村子，进到保甲长家里。双方摆明情况，互提条件。红军答应保甲长的条件是，保证不抓、不杀，不没收其财物。而要求保甲长做到的，主要是三项内容：第一，红军来后不准向敌人报告，但离开后可以向敌人报告；第二，要随时向红军报告敌人行动的消息；第三，要帮助红军购买粮食及其他物资。

地下党和红军游击队还发动群众，炸炮楼、剪电线、砍电杆，使敌人眼不明、耳不灵，成了聋子、瞎子。

建瓯是国民党第三十九军军长兼五十六师师长刘和鼎的老巢。红军在闽东北活动，让刘和鼎坐卧不安。他将原部署在浙江的部队回撤建瓯，其中第三三六团驻在玉山街。三三六团团长田玉璠为了消灭红军游击队，专门制定了以“游击战对游击战”的战术。

郑正先生自1930年5月起便在第三三六团任职。他回忆：“建瓯、古田及其毗连的地区，除了村、镇附近有少许耕地稍开阔外，其他地方均重峦叠嶂，草木葱茏，百米外难于视物。这里道路崎岖、曲折，茂密的茅草掩盖着路面，先头走的人时时要用竹竿或手将茅草分开来才能通过。这不但大大限制了两军作战时兵力的运用，同时也就经常地发生先头部队的遭遇战。这里居民的语言和外地有很大不同。第五十六师都是北方人，虽然到福建已好几年，但由于军民间没有接触，所以都不会说福建话。由于语言隔阂，以前历次‘剿共’，第五十六师都是孤军作战。而这次的军事行动，同样得不到居民支持。为了改变这种状况，大家努力学会了几句方言，但由于行动频繁，有时在山这边或这一县学会的几句话，到山那边或邻县去就不能用，因而就增加了了解情况的困难。例如每当行军路过村庄时，希望了解红军行动或者是友军情况时，如果找不到基层组织的负责人，得到的回答几乎千篇一律是‘未有听’，意思是听不懂你所说的话。这里的基层组织负责人如联保主任、保长、甲长等，都用两面手法应付蒋军和红军，但对红军比对蒋军亲近些。如每当红军住在他们辖境的山厂而要求供给粮食时，他们一定是如数送去，同时非到不得已时，不向附近驻军报告。一次，红军驻在距迪口 35 里路远的山厂里时，离此约 3 里路的联保主任（已忘记了名字）就是这样做的。所以当叛徒告密后，第三三六团第一营营长孙瑜就派第二连中尉排长张文明，将这个联保主任抓到迪口来，予以枪决示众。正是由于地形限制，语言不通，人心向背等原因，因而无法消灭红军。”[①]

郑正先生继续回忆：第三三六团二营营长郑兆甫是个好大喜功的人。这次回师建瓯一带“扫荡”红军，他极力鼓动部属，要求大家拼命游击“追剿”红军，以期建立功勋。可是，红军来到仙山地区后，以保存实力为目标，处处避免与白军打消耗战，像是有意与他们捉起迷藏。有时，他们费了九牛二虎之力，打听到红军藏在某一地方，满怀期待去“围剿”，不料却是徒劳而回。有时，他们刚离开了一个村庄，红军游击队就立即进驻到他所离开的地方。郑兆甫带着白军满山乱转，

① 郑正：《在闽浙边等地“围剿”红军略忆》，载《文史资料选编第四卷·政治军事编第二册》，福建人民出版社，2002 年 11 月，第 323、324 页。

找不到红军，便拿手下的连排长出气，一会儿骂这个“笨蛋”，一会儿骂那个“饭桶”。

一天，第二营从玉山街到大仙岩一带游击，在西侧的山路上，中了红军埋伏。激战近两个小时，红军虽然人数少、火力弱，但占据着有利地形，白军只有挨打的份，第六、七两连被红军毙伤了七八十人。郑兆甫最后在机枪掩护下，率余部仓皇逃窜。

大仙岩，现在名字叫李生岩，是九仙山九峰之一，也是屏南、建瓯、古田三县交会点。东侧山岩下，便是大坂红军首长住地和红军后方医院所在地。敌人虽然是偶然闹进大仙岩，又被红军打退了，但驻扎在玉山街的国民党第三三六团，已严重威胁到仙山隐蔽根据地的安全。

王助、饶守坤派出一支游击队，负责在玉山至迪口一带活动，分散和牵制敌人。

建瓯迪口的革命老区资料，记录了一次叫黄地洋的战斗。“在黄地洋遇上了从古田方向开来的敌军 1 个营，打了一仗，从黄地洋打至东南洋，边打边退，直打至新店，打死敌军排长 1 人，红军战士牺牲 1 人”。[①]

郑正先生的回忆资料，从另一个角度详细讲述了这次战斗的经过：

1936 年 1 月 15 日上午，第三三六团派第一营分兵迪口方向。第一营按照第二连、第三连、机枪连、第一连的行军顺序，从玉山开往迪口。到达迪口镇东面的山口时，他们遭到红军哨兵鸣枪射击。营长孙瑜急忙组织战斗。他命令机枪连掩护，第一连上山去“追剿”红军哨兵，第二、三连向迪口镇追击前进。

当时，山上只有这两名红军哨兵，红军主力部队都集中在迪口镇。红军哨兵开枪报警后，便边打边撤，很快消失在深山密林里。敌人的轻重机枪盲目地朝山上乱射，第一连连长郑迺厚带着全连向山上爬。

① 叶夏汉主编：《迪口革命老区》，南新出内部书报刊 98044 号。

山是陡的，草是密的，他们弄得筋疲力尽，脸破手裂，爬到半山腰，也没见一个红军的影子。

迪口镇由河溪一分为二，建在南北两岸。听到密集的枪声后，北岸的红军立即集合，穿过木桥向南岸山地转移。第二连来到镇子时，红军后路部队已越过南岸稻田，进入树木葱茏的山中。

第一营进驻迪口镇后，营长孙瑜命令第一连负责迪口镇守备，第二、三连和机枪连随时待命，根据发现的红军游击队线索，立即出击“追剿”。

迪口镇联保主任派出的侦探回来报告，说红军去了距迪口东南35里的黄地洋。孙瑜亲率第二、三连和重机枪连一个排，立即向黄地洋进发。从迪口到黄地洋一路都是上坡。由于害怕中了红军埋伏，他们每遇到地形险峻的地方，都要进行严密的搜索，因此部队行动缓慢。

黄地洋三面环山。当先头部队到达南面山嘴转弯处时，遭到红军袭扰。孙瑜率第一营呈一路纵队向村庄猛扑。远远地，看到一支红军游击队沿着大道，向建瓯中田方向撤退。于是，孙瑜率第一营在红军队伍后面猛追，一路上高喊：“红军兄弟们！赶快缴枪，捉活的！”这样急追十多里路，看着红军就在前面，可就是追不上，白军累得筋疲力尽，部队拉得距离很大。

眼看着红军越过了山口。跑在前头的白军，坚持着爬了上来。这时，隐蔽在山口的红军猛然跃出，一排机枪子弹，将冲在前面的敌人消灭了。其后的白军立即卧倒，借着田埂向红军射击。当第一营的部队逐次到达后，红军利用山地有利地形掩护，早已消失得无影无踪。

孙瑜率领第一营，在古田以西、南平以东的这一带山区，搜索了半个多月，一个红军人影也找不见。他们就地掩埋了被打死的士兵，抬着另几名伤兵，垂头丧气地返回了迪口。

迪口这支游击队，经常活动在迪口至玉山几十公里道路上。红军用石灰水、红纸、白纸，甚至是报纸，写上“打土豪，分田地”“白军兄弟们，拖枪过来当红军”“士兵不打士兵”等标语，贴遍了大路两旁的村庄、大树、桥梁、凉亭等处。同时，将迪口镇到玉山街的电话线切断，使迪口的敌人与团部失去联系。这支红军游击队，将国民党军队拴在玉山街至迪口镇一带，减轻敌人进攻仙山隐蔽根据地的压力。

第三三六团一营一连连长郑迺厚，负责维护迪口的安全，他面对红军的活动却没有办法阻止，十分苦恼。迪口镇的联保主任，联合各村保甲长，乘机以红军在这一带活动猖獗为名，联名给第五十六师司令部和建瓯县政府写信，要求第一营在迪口镇长期驻军，以期保卫地方安宁。

三三六团一个营，就这样被牵制在了迪口镇驻扎。他们虽然多次出动，但每次行动，都很少能看到红军。有时遇上了，先头部队枪一响，红军立即化整为零，利用山地、丛林，走得无影无踪。由于他们对红军情况一点也不清楚，每次都是用轻重机枪和步枪，朝着红军消失方向盲目射击，弹药消耗量很大。

国民党军队规定，不能乱报弹药消耗量。第三三六团虽然经常能看到红军，但是没有战果，不能报弹药消耗量。全团欠缺弹药的连队，数量逐渐增多起来。

第十三章　黄立贵叶飞洞宫山会师

1936 年 1 月，蒋介石任命张发奎接替卫立煌，任闽浙皖赣边区“剿匪”总指挥，重新布置对闽北、闽东、浙西南游击区“总会剿”。

曾镜冰回忆：“到了 1936 年，情况有了改变，老的地区巩固下来了，新的地区有了些发展，闽北部队开到了松溪、政和、古田、屏南这一带活动；在浙西南那边是粟裕、刘英同志在活动；闽东叶飞情况也较好。这一来，闽浙赣三个单位也比较接近了。那时，敌人建立了闽浙赣‘剿匪’指挥部，统一对付我们；而我们没有统一，觉得有统一起来对付敌人的必要。同时，我们活动地区的发展，也有可能统一。所以在 1936 年 1 月，闽北分区委决定要我和黄立贵同志到闽东去找叶飞同志。”①

闽北独立师与闽东独立师通过交通员联络，决定会师时间为春节，地点在洞宫山。为了调动敌人，为洞宫山会师创造良好环境，双方同时行动。闽东独立师负责攻打霞浦县城，饶守坤率闽东北红军负责攻打屏南双溪县城，之后两支部队，在两个方向分别袭扰敌人。

1 月 5 日傍晚，饶守坤、王助率领闽东北红军来到双溪北村。次日凌晨，急行军挺进到屏南双溪县城外，突袭屏南县城，烧毁敌人一座碉堡。在给敌人造成慌乱后，撤出战斗，返回仙山革命根据地。1 月 9 日，手刻油印的《红色中华》，以《闽东北红军攻克屏南霞浦》为题，广为散发。

① 曾镜冰：《闽北党同闽东党的会合问题》，载《回忆闽浙赣皖苏区》，江西人民出版社，1983 年 12 月，第 515 页。

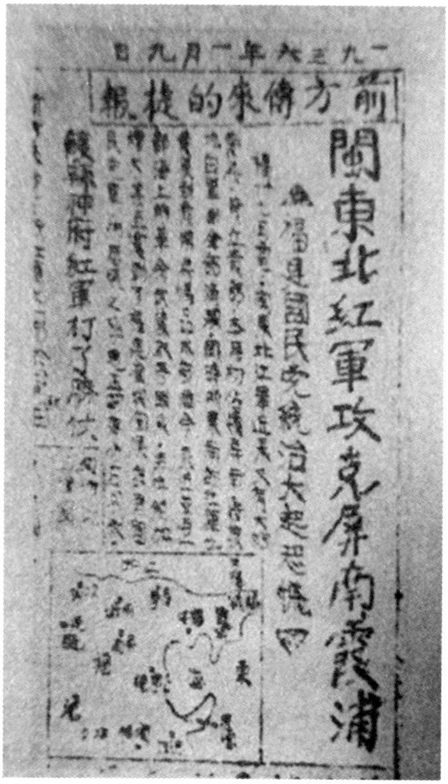
一九三六年一月九日
前方傳來的捷報
閩東北紅軍攻克屏南霞浦
福建國民党統治大起恐慌

《红色中华》报道的消息

1月24日，是大年初一。吃过了年夜饭，闽北独立师师长黄立贵与分区委组织部部长曾镜冰，早早率闽北独立师第二纵队主力，从建阳的根据地直奔政和县洞宫山禾坪村。

禾坪村是洞宫山一个自然村，地处周（墩）政（和）屏（南）三县交界，四面都是高山峻岭，只有一条沙土小路蜿蜒进入山村。全村32户人家，全是穷苦农民，大多靠租种周墩楼坪乡地主的田地为生。红七军团北上抗日时，红军游击队和国民党起义士兵在洞宫山聚集，北上去寻找抗日先遣队。陈家辙的队伍则留下来，撤到“家辙岩”驻扎。

正值春节，黄立贵、曾镜冰率闽北红军来到禾坪村。当地群众尽管生活困难，仍尽其所有，拿出食品慰问红军战士。群众争着邀红军到家里喝糖茶、吃年糕。吃完后，红军战士都拿出一些铜圆或银角子，放在群众的桌上，以示答谢。

禾坪村的农民，多数租种周墩楼屏乡地主的土地，并深受楼坪乡公所反动民团头子张景钟欺压。“游击第六支队二分队长廖光有同志受命前往楼坪侦察敌情，不幸被张景钟民团暗枪所害。廖母陈奶兰曾为此多次前往洞宫山一带寻找闽北独立团，请求红军为儿报仇，并冒着生命危险，把楼坪民团的情况侦察得一清二楚。同时，（周墩）独立营与六支队也派人前往闽北，请求红军下来消灭楼坪反动民团。”[①]

黄立贵感到盘踞楼坪的张景钟民团，既横行霸道祸害群众，又是横亘在闽北、闽东红军来往联络交通要道上的一颗“钉子”，决心铲除这颗“毒瘤”。

正月初三一早，黄立贵带领闽北红军100多人，在游击第六支队和周墩独立营配合下，奇袭楼坪村。这一仗，毙伤敌18人，缴枪十多支。张景钟虽然侥幸逃脱，但红军抓获了张景发等5名土豪，押回禾坪村公审，当众处决了张景发等两个土豪，放回3人，为牺牲的游击队长报了仇。红军打开地主囤积在禾坪村的粮仓，分给穷人过年，余下的作为红军的口粮。

黄立贵春节打楼坪，还有一个重要目的，就是公开告诉闽东红军叶飞部队，闽北独立师已经到达了洞宫山。

此时，叶飞也急于想找到闽北红军。叶飞回忆：“闽浙临时省委成立后开始的一段时间里，闽东和浙南双方不但关系很好，而且很密切。挺进师还抽调了一些干部（军事干部和做肃反的保卫局干部）帮助闽东地区和闽东独立师的工作。但是，以后就发生了内部分歧，主要是在如何坚持斗争的方针问题上的分歧。刘英同志是1929年参加革命的，1942年任浙江省委书记时英勇牺牲。他对敌斗争非常坚决，但在党内斗争中却很‘左’。此时虽然浙西南游击根据地和挺进师已经遭受了严重损失，但是没有总结经验教训，主要是刘英同志仍然坚持他那一套‘左’的做法，刘英同志批评闽东独立师不到白区开展游击战争，建立新的根据地，是右倾保守主义；提出要闽东独立师（此时已改称闽浙独立第二师）离开闽东到浙西南开展游击战争，建立新的游击根据地。我和闽东特委的同志都不同意刘英同志的意见，认为如

① 陈凤隆：《闽北红军闽东游击队攻打楼坪记述》，《周宁党史资料》1985年第1期。

果闽东独立师离开了闽东老区，闽东根据地就无法坚持，有垮台的危险；而闽东独立师如果没有闽东根据地作为依托，也就无法到白区开展游击战争。粟裕同志也不同意刘英的意见，赞成我们的意见……但是，刘英同志违背党内民主集中制原则，违反少数服从多数的原则，还是坚持他自己的错误意见。在这种情况下，粟裕同志就提出只有和闽北地区取得联系，请黄道同志来主持建立闽浙赣临时省委，才有办法解决和纠正刘英同志的错误。粟裕同志还要我设法去向闽北独立师和黄道同志取得联系。黄道同志是闽浙赣苏区的主要负责人之一，当时是闽北根据地党的负责人。在成立闽浙临时省委的时候，刘英同志也曾主张设法同闽北取得联系，建立闽浙赣临时省委，来领导闽北、闽东、浙西南三个地区的斗争。”①

春节过后，叶飞由陈挺率闽东红军一支精干的武装力量护卫，来到了洞宫山。

听到黄立贵率闽北独立师攻打楼坪的消息，叶飞、陈挺率四五十名闽东红军，察看了楼坪战场，然后前往仰头村。

仰头村与禾坪村相距 15 里。正月初七一大早，闽北独立师的哨兵正在禾坪村外站岗，薄雾里现出一队人影。红军哨兵拉动枪栓，喝问口令。领头的人高声喊叫：“是自己人！”走近了，村民们都认得领头的人，是政和县仰头村的张发祯医师。他带着一个警卫班的战士，来与闽北红军联系。

黄立贵听了叶飞到来的汇报，喜出望外，赶忙吹响哨子，集合队伍出村迎接叶飞。很快，叶飞带着闽东红军四五十名战士，来到禾坪。闽北、闽东红军独立师两位威震敌胆的将领，长时间热烈拥抱，忍不住热泪盈眶，相见恨晚。闽北、闽东的红军战士也欢呼雀跃，手拉手共叙游击战争的甘苦。

① 叶飞：《叶飞回忆录》，解放军出版社，1988 年 11 月，第 72 页。

黄立贵将自己住宿的一栋大房子让给叶飞的部队驻扎，并把岗哨放出周围十几里外。

晚上，黄立贵、曾镜冰与叶飞举行会谈。叶飞首先表达了他对黄道书记的敬仰，详细介绍了闽东的情况，以及闽东、浙西南的联合与分歧。曾镜冰部长转达了黄道书记对叶飞的问候与联合的具体意见，阐述了党中央周恩来、朱德同志在长征途中发来的电报内容。黄立贵、曾镜冰与叶飞，就闽北、闽东、浙西南根据地的联合统一和相互支持等问题，表达了共同愿望，并商定召开三块根据地最高领导人联席会议的大致时间、地点及有关事项。

正月初八，叶飞依依不舍地离别，率部返回闽东。次日一早，闽北红军将驻地清扫得干干净净，归还借用群众的物品，排着整齐的队伍返回。黄立贵、曾镜冰准备立即回到闽北分区委，向黄道书记汇报与叶飞会谈的情况。

黄立贵、曾镜冰率部转向建瓯，准备到红三团驻地后坪村一带休整。结果，被国民党新编第十一师一个营发现，紧咬不放。黄立贵率领红军队伍继续南下，将这股敌人引至仙山脚下榧村、岭后一带，在富地岭集中兵力打伏击战，歼灭了这股敌人。然后，翻过一道山梁，迅速潜入仙山隐蔽根据地，进行休整。

国民党新十一师师长周志群，与黄立贵是老对头。1935 年 4 月，他曾指挥部队，在建阳黄坑五里考，与黄立贵率领的红一团，激战两昼夜，双方都伤亡惨重。11 月，他的部队在上楼战斗中，已将黄立贵围困住，眼看就要捉到，又被他猛打猛冲，突围逃脱。

周志群决心这次一定要抓住黄立贵。他亲率新十一师主力，潮水般跟踪过来。国民党五十六师三三六团、八十七师二六一旅，也从东西两个方向包抄过来，准备在仙山地区合围，一举消灭闽北红军主力部队。福建保安处还派出特派员，一方面负责为“进剿”的部队提供情报支持，一方面调动地方保安团、地主武装，封锁住仙山地区的大小路口，进村清查户口。国民党多支部队，组成“梭巡队”，在仙山地区梳篦子一样，寻找红军游击队的藏身之处。

闽东北交通站的吴国灶、吴国倪、陈乃贵3人，完成闽北、闽东红军会师的联络任务，在返回仙山根据地途中，被葛畲村土豪苏隆江的保安队捕获。

与吴国灶同村参加革命的张步云回忆：“闽北独立师在周政屏活动其间，于1935年11月打过上楼战斗，1935年底曾打过楼屏大土豪XXX，抓过屏南葛畲土豪苏隆江。部队离开屏南时还设立了一个闽东北交通站，留下吴国倪（江西人）、吴国灶、陈乃贵（政和人）为闽北交通员。1936年1月间，这3位同志白天经过葛畲村，不幸被当地土豪苏隆江和国民党保董等人逮捕，押送至屏南县监狱。同时被搜去曲九枪一支。当时国民党屏南政府认为哪里人就送到哪里去，吴国倪是江西人准备送福州，吴国灶、陈乃贵是政和人准备送政和去。我们打听到这一消息后，就写信叫吴国齐送去闽东北，通知红军部队在途中拦截。吴国齐走到建瓯界头黄连坑，被匪徒梁玉宝搜身暴露了机密，即被杀害。”[①]

在三路敌人的严密封锁下，黄立贵师长带领红军部队，困顿在仙山顶上。与闽东红军叶飞会谈的情况，事关三块游击区的联合，必须马上向黄道书记汇报。可是，大兵压境，层层封锁，怎么出去呢？

一个“围魏救赵金蝉脱壳”的行动计划，在黄立贵脑海里形成了。他命令饶守坤率部绕道到迪口，就近袭扰敌人。同时，通过地下交通线传令，命令红三团主力佯攻政和县城。

正月十五元宵节。政和县城的城门、街道上挂满了红灯。城中搭起戏台，戏班子敲锣、打鼓、唱戏。叶全兴政委带领一个分队，悄悄

① 张步云：《政屏边区革命斗争回忆》，《屏南党史资料与研究》1987年第1期。

化妆进城，隐蔽在城西。傍晚，周汝春率红三团主力兵临城下。他们里应外合，自西门直趋而入，占领大段主街，鸣枪虚张声势，吓得敌人乱作一团。红军开枪打死一些民团团丁、警察警丁，捉到一个号兵后，迅速撤出。

红军对这个号兵教育一番，将其放回。哨兵回来报信说：“红军大部队过境向浙南方向。”等敌人清醒过来，纠集队伍追赶时，红三团的红军战士，已悄悄回到了后坪根据地。

同一时刻，建瓯县南雅、房村一带，饶守坤带一支红军游击队从迪口方向杀将而出，接连攻打敌人的乡村公所。

国民党军队以为红军已从南北两个方向突围，部署的“清剿”行动被打乱了，分兵多路去追击。

这时，黄立贵在古田县云梯村，召见卢成光。云梯村与屏南上圪村相邻，卢成光的妻子是云梯村人。黄立贵将一名重要客人交给卢成光，让卢成光想办法将他护送出去。

卢成光带着联络员卢亨俊和一名随从，从云梯刚走到上坑，便中了国民党军队埋伏。随从被打死了，卢成光逃回了云梯村。

由卢成光护送的计划失败了。那名重要客人按照事先约定，到北溪找到何招妹。

在大坂厂交通站，萧茂忠向黄师长主动请缨，提出走原建瓯中心县委到洋口的秘密交通线，将这名重要客人护送出去。“黄老虎”看着“萧老虎”，郑重地将两支枪和子弹交给他，命令他完成任务后，立即返回，继续留在此地工作。

为了让曾镜冰完成向黄道书记汇报闽北、闽东红军会师的情况，黄立贵师长率领二纵队200多名战士，突然杀将出来。老谋深算的周志群，等到了老对手现身，欣喜若狂，率领新十一师紧跟着围追堵截。

黄立贵率领这支能征善战的红军队伍，按照“敌进我退，敌退我追，敌驻我扰，敌疲我打”的游击战术，牵着敌人鼻子，边走边打，以“叫花子打狗”的战术，将周志群新十一师，从建瓯、松溪、政和，引到将乐、泰宁、顺昌，又转到资溪、光泽、贵溪，就这样走一路、拖一路、打一路，行程1000多里。当周部追到建阳界首时，已被足足拖掉了1000多人。黄立贵抓住战机，在界首组织反击战，一举歼敌300多人，还打断了周志群的腿脚骨。周志群的新十一师，彻底失去了与红军打仗的战斗意志。

趁着黄立贵将敌人引开，由交通员萧茂忠、萧长春父子担任向导，带着一支化装的红军短枪队伍，护送那名戴眼镜的白面书生，沿着一条崎岖的山脊小路，在深山密林里穿行。这条秘密交通线，是中共建瓯中心县委发动东、西两区农民暴动时，由庄又陵在当地的贫农团中秘密建立的。罗炳辉的闽北独立团在闽东北活动时，萧茂忠曾多次走这条交通线，完成联络任务。

萧茂忠凭着记忆，领着这支化装队伍昼伏夜行。每到一个宿营点，萧茂忠便先去寻找原来的交通员或接头户。安全接头后，再引领一行人，悄悄入驻休息，补充给养。原来的交通站被破坏，或者接头户找不到了，他们便隐蔽在山顶丛林里，吃自带的干粮。探路安全了，再趁着夜色通过，寻找下一个交通联络处。

走了几天，终于绕过敌人重重封锁，到达洋口。这里，已属于黄立贵所开辟的邵（武）顺（昌）建（阳）游击根据地。

在一张军用地图前，一位红军干部，详细地让萧茂忠讲述来时所走过的这条秘密交通线的情况。红军干部边听边在地图上标注。他说：“太好了，下一步我们将安排专人，负责这条交通线的维护。”

第十四章　萧茂忠应桂香英勇就义

萧茂忠、萧长春父子返回仙山，这里已笼罩在一片白色恐怖中。

国民党第五十六师三三六团、第八十七师二六一旅刘安琪部、第九师二十五旅张琼部，从建瓯、屏南、政和、古田等不同方向，派兵进仙山“清剿”红军游击队。省保安第四、第五团负责整顿和严密屏古瓯地区的地方保甲制度，联合地主武装，进行“清乡”。

与国民党正规军不同，福建的保安团，多是招抚土匪武装改编的。这些土匪改编的保安团，一方面对地理民情熟悉，一方面秉承了土匪特性，作战勇猛。他们疯狂搜捕共产党人、游击队员和农会干部，强征苛捐杂税，强行抓丁拉夫，搜刮民脂民膏，搅得各村寨鸡犬不宁，民不聊生。他们进驻到大的村庄，荷枪实弹，在屏古瓯三县边界的大小村寨，逐村逐户地彻底清查户口。发现有红军活动的村寨，就通知军队派兵进驻。保甲长每天早晚，领着民团团丁挨门挨户点一次名，深更半夜还要突击检查。点名不到，就给安上“通匪”罪名，轻则罚款、毒打，重则连累十户。

萧茂忠将完成护送任务的经过，向王助政委作了汇报。王助介绍了国民党军队、保安团和地主民团近期对屏古瓯边区革命根据地摧残的情况。

在白色恐怖下，有一些原来支持红军的保甲长，被敌人拉了回去。屏南县中秋村保长叶留芳和附近村一名姓胡的甲长，还带着保安五团搜山，捣毁了附近的几处山厂。靠近山峰村的一座山厂被发现后，敌人硬说这山厂是山峰村群众搭建的。山峰村的红军交通员吴家应、吴家芳，被保安团捕获了，他俩不惜牺牲自己的生命，严守党的秘密，被敌人残酷杀害。

保安团又到水竹洋村，在后门山发现一座山厂，里面住着3名游击队伤员。在水竹洋搜山的敌人，当场逮捕了一名行动不便的伤员，另两名伤员逃脱。

国民党保安五团抓获红军伤员后，如获至宝。他们根据叶留芳、胡XX提供的线索，捕走了水竹洋村王朝佑、魏细妹等七八名革命群众，押到中秋村国民党保安团的营部审讯。敌人以“匪党”名义逮捕王朝佑，押着他到岭头村“搜剿”红军。王朝佑伺机逃脱，被敌人开枪击中，壮烈牺牲。

鉴于革命根据地面临的严峻形势，王助率领红军机关要转移了。萧茂忠全家人和红军医院的工作人员，也将伤病员转移到更秘密的地方。

大坂厂交通站，背靠海拔1472米的大仙岩。大仙岩是九仙山九峰之一，高险奇绝，山上植被茂密。绕过大仙岩，顺着山脊前行不远，密林中隐藏着一条陡直的岩羊小路。沿着陡路下去300米，有一处几十平方米的天然岩洞，人们称为“红军洞”。

“红军洞”下去不远，便是建瓯县的峡头、岭后、富地等村庄。萧家在大坂租种的山地，就是承租建瓯县峡头村地主吴贵泽家的。国民党编制保甲，萧茂忠将父亲萧荣贻、弟弟萧茂有户口，落在峡头村。24岁的萧茂有因为经常到峡头村活动，还娶了该村妇女吴万金为妻。

大坂厂后背山的这座“红军洞”，遮掩在茂密的植被与松林中，十分隐蔽。以前敌情紧张时，萧茂忠一家人，便经常将红军伤病员，转移到这里养伤。萧荣贻和萧茂有父子，负责从峡头村这一侧，进行保障。这次，大坂、小坂红军后方医院的几十名伤病员，全部转移到了大仙岩的“红军洞”里。

萧茂有住在“红军洞”，负责配合医生治疗红军伤员。应桂香到峡头村，协助父亲萧荣贻，联系接头户，采买粮食、药品等物资。为预防万一，萧茂忠还将记录着这一带党员和堡垒户的花名册，交给应桂香，藏在峡头村的住所里。

1936 年 2 月 28 日清晨，国民党保五团一个连，来到了仙山顶大坂厂。留在交通站的萧茂忠、萧长春父子俩不知道，一个叫刘门的叛徒，已经“出卖革命同志，带领国民党军队打大坂厂”。

国民党保安五团的“白狗子”一拥而上，很快控制住了萧茂忠、萧长春父子。“白狗子”在土屋里翻箱倒柜，将黄立贵留给他们的那两支枪和子弹搜了出来。人证物证俱在，“白狗子”开始厉声喝问，让父子俩人说出红军首长与红军伤病员的下落，不说，便吊在树上，施以酷刑。

萧茂忠想到后背山上“红军洞”里的伤员，决定尽快将敌人引开。在“白狗子”追问这两支枪来源时，萧茂忠坚决地回答：“枪是路过富地岭时捡来的。自家住在荒山野岭，经常不是土匪，就是野兽。枪是用于防身的。”

不久前，黄立贵指挥红军在建瓯富地岭设伏，将跟踪而至的新十一师一个营消灭。这两把枪，确是那次战斗的战利品，由黄立贵师长亲手交给了萧茂忠。

国民党保安兵押着萧茂忠、萧长春父子，到建瓯一侧富地岭，去查证捡枪的地方。临行前，他们一把火，烧毁了萧家老屋。

国民党保安兵押着父子俩，沿着崎岖的山路，向建瓯县境内蹒跚而行。一路上，萧茂忠都在思考脱身之计，无奈敌人看护得紧，找不到时机。

走了一个多小时，来到山下，远离了红军伤病员藏身地方。一行人在山谷间穿行。这里地势开阔，敌人警惕性稍有放松。

前面就是富地岭了。走到一个叫前洋边的地方，敌人推搡着萧茂忠，让他指认捡枪之处。萧茂忠向儿子使个眼色，挥拳打倒身边几个保安兵，喊道："儿子快跑！"萧长春趁敌人分神之机，迅速跳下一个山崖，三蹿两蹦，便钻入一片密林，不见了踪影。

敌人的刺刀，捅进萧茂忠肚子里。他强忍着疼痛，转身跳下山崖，沿着稻田向另一方向踉跄而去。恼羞成怒的敌人，举枪向他射击。没跑多远，萧茂忠后背中弹，扑倒在水田里，英勇牺牲。

老红军左丰美（左四）、钟大湖（左二）等以远处的大坂厂交通站为背景合影

萧长春逃脱后，等到天色黑下来，潜入峡头村。他向母亲应桂香和爷爷萧荣贻，哭诉了大坂厂家被烧毁和父亲被打死的经过。应桂香眼前一黑，又很快镇定下来。她知道，接下来的重担，落在了她柔弱的肩上。

萧家租的山厂，是峡头村地主家的。应桂香想到，敌人很快就会找到峡头来。无论如何，不能暴露山上红军伤病员的目标。她强抑制住悲伤与慌乱情绪，嘱咐村里的秘密党员，照顾好红军伤病员，并让他们放出风声来，说萧家人都回古田老家去了。

清晨，萧荣贻、应桂香、萧长春3人，背着包袱，互相搀扶着离开峡头，沿着大路，向古田县横坑村走去。

横坑村距离峡头5里。应桂香是小脚，参加革命后虽然放了足，但走不快。到横坑时，她脚痛走不动路了。丈夫尸骨未寒，她不想离开丈夫太远。她让公公萧荣贻、儿子萧长春，继续往旧镇走。应桂香一个人，躲进陈老四开的客栈里。

横坑村与"萧老虎"单线联系的贫农团长吴福宁，其儿子吴庆明也是革命"五老"人员。今年86岁的吴庆明老人，从小便听父母讲述当年应桂香在横坑村被捕与牺牲的经过。

吴庆明老人前不久做了一个手术，腰部挂着尿袋，用于排便。但他坚持领着我们，去看应桂香当年被抓捕和牺牲的地方。

在陈老四客栈前，吴庆明介绍：这个客栈是村民最早开设的客栈。那天上午 10 点多，国民党保安团一个连，从建瓯方向追到横坑村。村民们听说“白狗子”来了，纷纷往山上逃，没跑掉的，都被国民党保安兵抓起来，集中在水塘旁的空地上。敌人要村民交出红军，说出红军下落，不然就要杀掉抓来的村民，放火烧毁村庄。

陈老四也在被抓的人群里。敌人押着他，来清查客栈。应桂香知道，自己这双小脚，是跑不过敌人的。听到敌人的脚步声越来越近，她理了理头发，平息一下慌乱的心情，推门而出。她告诉保安兵：“我就是你们要找的‘萧老虎’家里人。”

敌人立即将她五花大绑起来，押到后面的祠堂里审讯。不管敌人用鞭子抽，用棍子打，应桂香都坚称自己是跟着丈夫在大坂厂种青制青的，不知道什么红军白军的事。

保安兵在祠堂里吃过午饭，又开始审讯，重点让她供出横坑村谁是地下党，谁帮助过红军购买粮食、物品。应桂香坚称自己是从横坑村路过，不知道这些情况。审讯到下午，见实在问不出什么，保安兵集合，押着应桂香离开横坑村。村子东头，是个岔路口，一条小路通向大坂厂，一条大路通向屏南县。敌人押着她向屏南的方向走去。

应桂香见是去屏南，知道此行凶多吉少，借口小脚走不动路，坚决不往屏南方向走。保安兵将她拖了几百米，石板路上拖出一条长长血痕。敌人恼羞成怒，开了枪，应桂香应声倒在血泊中。

萧茂忠、应桂香夫妇用自己的生命，严守了党的机密，践行了永不叛党的铮铮誓言。

村民们听到枪声，等国民党保安兵走远了，忙赶过来。应桂香已没有呼吸。村民们将她草草掩埋在牺牲的荒坡上。过了一段时间，来

革命“五老”吴庆明指认应桂香牺牲的地方

一些人将遗体挖出，装在一口骸瓮里抬走了。

那天敌人的军事行动，是在驻闽“绥靖”公署督察专员亲自指挥下进行的，准备以大坂厂交通站为突破口，顺藤摸瓜，一举捣毁九仙山红军首脑机关。他们根据密探报告，知道萧家人逃往古田县旧镇，便以为旧镇附近是红军首脑机关临时驻扎所在地。驻玉山街第三三六团团长田玉璠，集中起兵力，与保安五团一起行动，包抄到旧镇。

第三三六团青年军官郑正，是该团“剿共”行动的见证者。他回忆：“在1936年上半年中，第三三六团团长田玉璠对于‘剿共’是十分认真的，有时为了纠合优势兵力向红军驻地进击，甚至玉山街的团部也都玩了空城计。如他亲自指挥对红军暂时驻扎的旧镇进行分进合击时，就动员了全团2/3的兵力，原期由不同方向可以将红军一网打尽，不料费了九牛二虎之力，却仍然扑个空，甚至连红军究竟向哪个方向去了也弄不清楚。”[①]

国民党保五团杀害萧茂忠、应桂香夫妇后，又派兵到古田县半山村，对“萧老虎”全家斩草除根。萧茂忠、应桂香4个年幼的孩子，当时留在半山村老家。萧茂忠的堂弟媳雷凑使（抗日战争和解放战争时期的革命老妈妈）得到消息，将4个孩子藏在自家阁楼里。敌人没抓到人，一把火烧毁了萧家在半山村的祖屋。

① 郑正：《在闽浙边等地“围剿”红军略记》，《文史资料选编第四卷·政治军事编第二册》，福建人民出版社，2002年11月，第330页。

出于对烈士遗孤安全考虑，在当时白色恐怖的环境下，地下党与萧家人做了安排：水竹洋村 23 岁的青年魏仁利，在村子被敌人烧毁后，到玉山乡付锡村生活。地下党与萧家人将“萧老虎”夫妇 10 岁的女儿萧大妹，送与魏仁利做童养媳，8 岁的萧长清、7 岁的萧长生两兄弟，随姐姐一起生活。最小的萧长润，则卖到建瓯西区徐墩一户富裕人家做儿子。

后来，形势缓和，萧长春来到玉山，在魏家一起生活。憨厚的魏仁利，送萧长清去学箍筒匠，送萧长生学篾匠。萧长春还带着魏仁利几个本家兄弟，到建瓯富地和古田横坑，将萧茂忠、应桂香夫妇的遗体分别挖出，装在骸瓮里，抬到玉山，合葬在玉山村头。萧大妹成人后，嫁与魏仁利为妻。

敌人在这次搜捕行动中，捕获了萧荣贻，押在敌牢里审讯。在牢狱中，老人受尽折磨，但他什么也没有说。直到半年后，敌人无计可施，才将他放回。

第十五章　闽北闽东联合成立省委

1936年3月底，闽北分区委书记、军分区政委黄道，在吴先喜、曾镜冰等人陪同下，到闽东北与叶飞会谈。他先到了仙山。

马长炎是闽北军分区特务队长，主要任务是保卫闽北的党政军机关。他回忆："1936年春天，黄立贵率领一支队伍，在闽东北同叶飞同志的队伍接上了关系，叶飞同志急于要见黄道同志。于是，3月间，我们一行人护送黄道同志到闽东北。春雨连绵，山高路滑。我们踏着泥泞，穿过敌人的据点，翻山越岭来到建松政游击根据地。闽东北军分区司令员饶守坤和政委王助等同志迎接了我们。"①

马长炎的回忆文章，写的是"来到建松政游击根据地"，"闽北军分区司令员饶守坤和政委王助"迎接他们。由于仙山隐蔽根据地大部分位于建瓯一侧，在地点上，应是当时人们习惯将仙山地区，笼统地称作建松政根据地。

据闽北的资料显示，饶守坤、王助是在建瓯富地、岭后一带的山厂，迎接了黄道一行。当时这些村寨，离敌人据点很近，村里住着国民党兵，还常有密探出没。黄道要组织召开红二团的干部会议，建瓯这一侧人来人往很复杂，容易引起敌人警觉。

屏南县水竹洋、山峰村一带，群众已移民并村。正是春笋生长季节，山峰村的群众，以挖笋晒笋干名义，在村子后山又搭建起一座笋厂草棚。红二团的干部会议，便在这个笋厂草棚里召开。

① 马长炎：《战斗在武夷山》，《党史资料与研究》1983年第4期。

闽东北红军干部会议笋厂遗址

黄道此行任务是会见叶飞，共同探讨成立闽赣省委的问题，目的地是洞宫山。开完红二团的红军干部会议，王助、饶守坤率红二团主力，护送黄道一行去洞宫山。走到建瓯河岭，遇到黄立贵与红三团政委叶全兴率部前来迎接。两路人马合一处，共同护送黄道，去红三团驻地。

这天，部队在行进中，突然发现敌五十六师的部队从建瓯方向追来。狭路相逢，情况十分危急。黄立贵迅速站在山坡上，高声命令："饶团长，你赶快掩护黄道同志转移，我在这里阻击敌人。"黄立贵率领部队抢占了五背山制高点，开火吸引敌人。饶守坤迅速掩护黄道书记转移。[①]

在红三团，黄道得知，粟裕不久前来过，由于敌人紧紧尾随，没有等到黄道，便返回了浙西南。叶飞可能于近日，到达洞宫山。于是，黄道留在建松政，等待叶飞。

这段时间，黄道考察了建松政的情况。在宝岱村，黄知真第一次见到林熙明。黄知真回忆：

> 他头戴一顶黄色小生帽，身穿一件大黄袍，长袍上用朱砂密密麻麻写着各方神灵，从玉皇大帝、太上老君、释迦牟尼、孔老夫子、齐天大圣、关圣帝君一直到刘伯温，应有尽有。他还一心

① 中国人民解放军历史资料丛书编审委员会：《南方三年游击战争·闽北游击区》，解放军出版社，1993年8月，第133页。

想当皇帝，不愿俯首称臣。所以，将“熙”的“臣”旁换成“巳”旁。他的队伍号称“顺天救民军”，一面杏黄色大旗周围滚着金边，四角绣上“顺天救民”，拱围着中间一个斗大的“林”字。他同当地土豪劣绅的矛盾很深，几次受到国民党政府的通缉。同我们合作以后，为我们争取其他大刀会出过力，还与我们联合作战过。在他的要求下，黄道、黄立贵、饶守坤等同志，都曾先后与他结拜为兄弟。[①]

等了几天，听说叶飞同志来了。黄道一行便直上洞宫山。在大窠村的“家辙岩”，黄道与叶飞举行了具有重要意义的会谈，史称“洞宫山联席会议”。会谈共进行了三天，出席会议的，闽东有叶飞，闽北有黄道、黄立贵、吴先喜、曾镜冰。黄知真担任会议记录，陈家辙负责安全工作，张家镇、张发祯等政屏县委的同志负责后勤保障。

会上，双方首先交流了情况，交换了意见。叶飞提议成立闽浙赣省委，请黄道主持省委工作，以利于统一领导闽北、闽东和浙西南三块游击区的斗争。他说，已同粟裕同志见过面，这也是他们的一致意见。

黄道感到成立闽浙赣省委条件不够成熟，而且粟裕、刘英没有来，也不能做出具体决定。他说：“当前远离中央领导，三个地方统一领导是有利于革命斗争的，我这次来就是为了与闽东党的合作，拟议建立闽赣临时省委的。但是，鉴于闽浙临时省委当前的情况，要建立领导，首先必须闽浙临时省委自己对前一段的工作做出总结，指出刘英同志的错误并责成他去恢复浙西南的工作，然后才能建立闽浙赣临时省委。”叶飞当即提出：“我们正是由于临时省委内部对于方针问题争论无法解决，所以请你出来担任领导的。”黄道坚持说道：“如果你们本身

① 中国人民解放军历史资料丛书编审委员会：《南方三年游击战争·闽北游击区》，解放军出版社，1993年8月，第83页。

不能解决问题，闽浙赣临时省委也就无法成立。”①

尔后，研究成立闽赣省委问题。叶飞提出闽东参加闽赣省委，希望闽北派一位军事干部到闽东独立师工作。黄道与叶飞商定，决定派闽北独立师政委卢文卿，到闽东独立师担任师长；卢文卿离开后，由曾镜冰担任闽北独立师代政委。

曾镜冰回忆闽北、闽东商议的结果：“确定成立闽赣省委。我记得省委书记是黄道同志，省委委员有叶飞、范式人、阮英平、黄立贵、吴先喜和我等人。许旺和王助是否参加省委已记不清了。军区司令员是叶飞同志，黄道兼政委，下有 7 个分区。福寿一个分区，范式人负责；古屏宁一个分区，阮英平负责；霞鼎一个分区，许旺同志负责。以上 3 个分区原属闽东特委。闽东北分区，包括建瓯、建阳、松溪、政和、屏南一带，王助为特委书记兼分区政委，饶守坤是司令；闽西北分区，包括邵武、建阳、泰宁、顺昌，黄立贵为分区司令员兼政委；抚东分区，贵溪、资溪一带，由吴先喜负责；闽北分区汪林兴负责。省委还是设在闽北。原来的闽北党管 3 个分区，把闽东北分区拨给闽东，由叶飞同志代表省委和军区管 4 个分区。”②

闽北、闽东红军在洞宫山活动了几天，目标已经暴露，敌人加紧围追堵截行动。闽北、闽东领导人和红军相继离开了洞宫山。黄道、黄立贵、吴先喜、曾镜冰等人，带着林熙明，一起回闽北老区。

闽北红军离开后，国民党军队重金悬赏通缉陈家辙。坂头长坑村的陈家仇，买通了陈家辙卫士“老洪仔”。“老洪仔”趁陈家辙不备，将他乱枪打死。一代枭雄，就此陨落。

黄道等人带着林熙明离开洞宫山，经浦城返回崇安。

黄知真回忆：“有一天，我们过建浦公路后住在一个村庄里，前

① 叶飞：《叶飞回忆录》，解放军出版社，1988 年 11 月，第 74 页。

② 曾镜冰：《闽北党同闽东党的会合问题》，《回忆闽浙赣苏区》，江西人民出版社，1983 年 12 月，第 515—516 页。

有小溪，后有高山，村子两头都有门。那是一个风雨交加的晚上，大约8点钟，林熙明按惯例到外面去拜菩萨，发现夜雨中时隐时现的手电亮光，估计是尾追我们的敌人，马上就跑来报告。林熙明话未说完，村外就响起了密集的枪声。听到枪声，黄立贵一面说：‘不要慌，是民团狗。’一面率领警卫排冲了出去。一个冲锋，将敌人打退半里多路，乘势占领村外的土地庙，掩护领导机关转移。第二天，我问黄立贵同志：‘明明是国民党的正规军，你怎么说是民团狗？’他哈哈大笑地说：‘我早知道是正规军，民团狗哪有那么多的机枪，我说是民团狗，大家就不紧张了嘛。’”①

黄立贵、吴先喜护送黄道等人，从洞宫山回到了崇安，先后打了六七仗，足足走了半个月。

洞宫山会议后，饶守坤率红二团连续袭击了葛畲、筹岭、大嵩、富地、千仙岗、伊墩等地国民党和民团，扩大了游击根据地。

叶全兴则率领红三团，向浙江边境移动，寻找粟裕的部队。

浙南挺进师第2纵队老红军宣恩金留下的回忆资料，讲述了叶全兴率红三团，在浙江边境活动，找到粟裕的经过。

青年粟裕

当时，敌人向浙西南进攻，浙南挺进师第二纵队（原北上抗日先遣队留在闽北的部队）在向龙浦老根据地转移中，与敌遭遇，血战一日，仅剩下宣金恩等七八个人，在浦城毛洋一带坚持斗争。

5月初，叶全兴得到消息，立即到毛洋寻找突围的失散人员。在群众帮助

① 中国人民解放军历史资料丛书编审委员会：《南方三年游击战争·闽北游击区》，解放军出版社，1993年8月，第86页。

下，找到了宣金恩等人。

宣金恩回忆："第二天，我们随广浦独立营（即红三团）向龙泉的高山、东坑桥一带活动。经过青草洋，准备到岱头山庙去休息。部队向四方派出侦察员。9点多，青云山方向侦察员回来报告，发现敌人一个连，向岱头山前进。叶营长（即叶全兴）说'各部队照原计划进入阵地'，准备伏击敌人。正在这时，我们来路留下的侦察员回来报告说，'青草洋也来了股敌人，约一个连。'叶营长叫侦察员，要大队长调一个排占领观音堂（小庙）阻击来路敌人。同时叫：'司号员，吹号问他们是哪一部分。'对方也吹号，回答是挺进师师部。这时，叶营长赶紧叫侦察员跑步向师长报告情况。这时，下面的伏击打响了，挺进师师部也吹起冲锋号，跑步前进，与独立营（红三团）两路夹击，全歼闽保安团一个连，生俘排长以下官兵30多人。独立营与粟裕、许信焜等首长胜利会师。部队决定在岱头山宿营。为了庆祝胜利会师，当天下午去半岭（离庙上5里地）买回一口大肥猪。粟司令员说：'我们在国民党《东南日报》上看到二纵队与敌人战斗的消息，知道二纵队还在浙西南。'第二天从岱头山出发，经溪头到达塘上宿营。独立营叶营长（叶全兴）向粟司令员、徐信焜等首长告别，仍回闽北去了。"①

叶飞回到闽东后，向刘英汇报了与黄道会谈的情况。

叶飞回忆："刘英同志一反常态，满口承认浙西南工作的错误，但是他不同意成立闽浙赣临时省委并由黄道同志任书记，虽然他过去曾多次提议此事。他反复声称，错误我们自己纠正，并居然提出要我担任闽浙临时省委书记。他说，我们已建立了闽浙临时省委，何必再成立闽浙赣临时省委呢，还是我们这个摊子吧。我当然坚决拒绝。会议毫无结果，闽东特委不得不宣布退出临时省委。"②

① 宣恩金：《关于挺进师第二纵队坚持浙西南革命斗争的情况》，《回忆闽浙赣皖苏区》，江西人民出版社，1983年12月，第549—550页。

② 叶飞：《叶飞回忆录》，解放军出版社，1988年11月，第75页。

黄道审时度势，6月间，在崇安岚谷主持召开了闽北党、政、军领导干部会议。他根据洞宫山会议的决定，宣布成立中共闽赣省委、闽赣省军区、省革命委员会、肃反委员会、共青团省委和省工会联合会。黄道任闽赣省委书记兼省军区政委，叶飞任省军区司令员（未到职）、吴先喜任副司令员。同时，闽北成立四个分区委和军分区：一分区（闽北分区委）书记汪林兴，军分区司令员熊家才；二分区（闽中特委）书记黄立贵兼军分区司令员、政委；三分区（抚东特委）书记吴先喜兼军分区司令员、政委；四分区（闽东北特委）书记王助，军分区司令员饶守坤。独立师未改为纵队的一律改为纵队建制，红二团为第一纵队，红三团为第三纵队，红四团为第四纵队。

这次会议后，各分区相继召开成立会议，传达省委的任命，组建特委和军分区。

闽北的党史资料记载，“1936年6月，闽东北特委与军分区在建瓯富地的榧村正式成立，建松政中心县委划归特委领导”。[①] 同时，成立了中共迪口县委。

屏南的党史资料也有成立屏瓯独立营的说法。“1936年4月在屏南、建瓯交界的路下乡山峰村成立屏瓯独立营。营长孙绍清，副营长徐功登，组织关系隶属于中共闽东北特委、闽东北军分区。屏瓯独立营成立后，密切配合红军行动，多次出击、伏击和阻击敌人，打破国民党顽固派的‘围剿’计划，并在屏瓯边境广大农村发展群众，组建革命团体……6月，独立营指战员与闽东游击队密切配合，团结合作，先后进行了冬瓜洋、牛垄头等战斗”。[②]

曾镜冰回忆：“闽赣省委成立后，讨论了一下就分开活动，每个地区有几个人负责坚持，实际还是各搞各的。就是这么一个组织，没

① 中共南平地委党史研究室：《闽北革命史》，人民出版社，1992年10月，第160页。

② 中共屏南县委党史研究室编：《屏南革命遗址遗迹名录》，内部资料。

有更多的统一活动。到1937年上半年，敌人大举进攻时，相互联系更少，就是闽北的几个单位，也是互相找不到联系。”[①]

闽赣省委成立时，闽北红军与党中央的联系已中断一年多了。为了将闽北红军开展游击战争的情况报告中央，并将中共闽赣省委组成名单报请中央批准，黄道思考再三，决定派工联主席吴华友突围出去，寻找党的关系。

黄道写出汇报情况的底稿，由黄华树用米汤花了3天时间，抄写在一条白色绸短裤上。黄道将这条短裤装到一个小布包里，郑重地交给了吴华友。

接受任务后，吴华友把东西收拾好，把白短裤藏在包袱里，待命随时出发。

直到7月底的一天，第三纵队政委叶全兴，带着从特务连抽调的十多名短枪手，来到岚谷。叶全兴告诉吴华友：“古田县地下党的联系已接通，找到了一个叫卢灿光的，说好了条件，由他护送你到福州，并负责今后的通讯往来。”

在古田县的党史资料中，我们没有找到卢灿光的信息。在闽北方言中，“卢成光”与“卢灿光”发音相近，我们认为，这是名字出现口误，卢灿光就是卢成光。为严格尊重史实，在这里还是且称这个人为卢灿光。

在叶全兴和短枪队员护送下，吴华友踏上了艰难的旅程。临行前，黄道紧紧握着他的手说：“相信你一定能完成党交给的任务，祝你成功！”

吴华友回忆道：“10名短枪队员，都十分精干，有丰富的战斗经验。短枪队的杨班长是当地人，地形十分熟悉，穿过一道道封锁线，

① 曾镜冰：《闽北党同闽东党的会合问题》，《回忆闽浙赣皖苏区》，江西人民出版社，1983年12月，第516页。

绕过一个个碉堡，夜行晓宿，历尽艰辛，经松溪、政和、建瓯、屏南，行程 300 多里，终于从敌人眼皮子底下钻了出来，悄悄地溜进古田，到卢灿光的家。”[①]

叶全兴将吴华友交给卢灿光，就带着 10 名短枪队员告别回去了。第二天，吴华友装扮成伙计模样，跟着老板卢灿光，从西溪一直来到闽江边，登上一条等待着的小船，沿江而下，到了福州。

卢灿光带着吴华友，躲进离闽江码头不远由古田人开的旅馆。吴华友当时刚从游击区出来，尽管打扮了一番，装束还是不成样子，忙到理发店理了发。卢灿光到外面给他做了两套西装，买了皮箱、皮鞋。吴华友把白短裤放进皮箱，穿上西装，俨然一副南洋华侨模样。吴华友当过海员，扮成南洋华侨倒是挺像的。为了不引起国民党特务注意，他们马上离开古田会馆，搬到城区的一家大旅店住下。

几天后，卢灿光设法为吴华友买到了去上海的船票。两人约好通信联络的方式，吴华友便从闽江坐小船先到马尾，又坐上马尾开往上海的客船。

吴华友到上海后，原来的关系已经断线。他在上海街头徘徊近一个月，最后根据一条线索，去了香港，继续去寻找党的关系。

---

① 吴华友：《辗转千里送文件》，革命回忆录丛书《风展红旗》第 1 期，福建人民出版社，1982 年 9 月，第 197 页。

第十六章　两块游击区的统一行动

从有限的资料中，我们发现了洞宫山会议后，闽北、闽东两块游击区开展联合作战的一些行动。

下马溪是屏南东部金造溪的一个支流，在溪岭乡与棠口乡交汇处。韩奏三率闽北独立师三团一支 30 多人的队伍，在下马溪畔的陈目洋、大墩、溪里、程地等村庄，开辟了一块隐蔽的游击根据地。队伍很快发展到 100 多人，成立了三纵队第七支队，韩凑三任支队长兼政委。

屏南县东部山区，也是闽东红军阮英平所领导的宁（德）屏（南）游击区的一部分，活跃着一支由许一峰领导的游击队伍。

洞宫山会议后，王助、阮英平命令韩奏三、许一峰，带领着这两支队伍，到连江、罗源一带活动。当时，闽中游击第一支队负责人魏耿叛变投敌，闽中游击队在福清罗汉里被打散，一部分游击队员，返回了连江、罗源。他们的行动，是否与这次事件有关，查无实证。但据福州党史记载，这支游击队在连罗地区活动了一段时间，并一度挺进到了闽侯县的南峰、小村。①

两支队伍完成任务返回屏南，在四坪村宿营，遭到国民党保安 4 团驻熙岭一个营兵力袭击。两支游击队在韩奏三指挥下，经过 2 个多小时激烈战斗，突出重围，返回到下马溪根据地的大墩村。②

① 中共福州市委党史研究室：《福州革命史大事记（1919.5—1949.8）》，海风出版社，1994 年 6 月，第 68 页。

② 甘妙坚整理：《屏南县党史大事记要（1919—1945.9）》，《屏南党史资料与研究》1987 年第 1 期。

韩奏三率七支队离开下马溪根据地后，保安四团和地主民团，在下马溪、溪里、大墩等村庄驻扎，建立据点。后龙村是个古村落，位于下马溪上游。后龙有一支地主民团武装，像是横亘在下马溪根据地前的一颗钉子。韩奏三攻其不备，带领一支小分队，夜袭后龙村，镇压了在后龙收税捐的税警，俘获保甲长及民团团丁十多人。

韩奏三带领红军一鼓作气，消灭进驻下马溪、溪里、大墩等村庄的保安和民团，拔除了根据地里的白点。

保四团派出一个营兵力，来根据地“搜剿”。韩奏三率领七支队100多人，在溪里村对面的山谷巧设埋伏，毙敌十多人，打退了敌人进攻。此后，保四团在很长一段时间里，不敢贸然出兵到下马溪根据地活动。

国民党八十师第四七七团派一个加强连，又进驻到后龙村。他们依仗武器精良，频繁到下马溪一带烧杀抢掠。

闽北、闽东两支红军队伍的领导人经过磋商，决定开展联合作战，在龟潭附近设伏，消灭这个加强连。龟潭是棠口乡境内一个小山村，位于金造溪畔的山涧峡谷中。这里是阮英平领导的宁屏游击根据地一个基点村。

按照作战想定，韩奏三率七支队部分力量，负责引诱敌人。他们在后龙村附近的陈目洋和旺坑村，故意暴露目标。国民党这个加强连闻讯，立即前来“追剿”。红军且战且退，来到龟潭村对面山腰鸭母垄。敌连长率加强连一路急行追赶。在龟潭村尾郑厝桥头，敌连长命令司号兵吹响冲锋号，向鸭母垄发起进攻。此时，红军伏击部队尚未完全到达预设阵地，诱敌深入的红军只好就地还击。一名红军神枪手，开枪击中敌号兵。敌人失去军号指挥，连长亲自挥枪喊话，督促士兵从桥头往山坡上猛冲，企图抢占制高点，占据主动局面。

这时，王助带领红军主力赶到，迅速涉过金造溪，从龟潭村牛嘴口绕道争夺制高点。他们在前进中，受到制高点上敌人火力的猛烈阻击。

关键时刻，在西北山地设伏的闽东独立师二纵队，听到枪声，由阮英平率领杀了过来，从侧面向敌人发起进攻。敌人受到两面夹击，乱了阵脚，丢下十多具尸体，狼狈逃窜了。

此役，红军牺牲 3 名战士。后来，人们将这 3 名红军战士遗骸合葬在小章村旁，并立碑以示纪念。

洞宫山会议后不久，阮英平来到洞宫山地区，召开政屏地区干部会议，成立了中共政屏县委、政屏县革命委员会（苏维埃政府），张家镇任县委书记，张发祯任革命委员会主席。同时，成立政屏游击支队，张达炳任支队长，张发朝任政委。

王助率领闽东北红军 100 多人，也来到洞宫山。政屏游击支队刚组建，急需补充枪支弹药。王助得知他们的困难，告诉政屏游击支队的同志："闽北、闽东红军在龟潭头联合作战时，缴获了一批枪支弹药，有几支步枪当时没带走，藏在龟潭村对面山上的一个山洞里。你们可以设法取回使用。"

政屏县委派交通员张廷富，与另外两名游击队员，化装成樵夫，跋山涉水，来到龟潭战斗伏击敌人的战场。他们根据王助书记指示的方位和线索，仔细搜索，找了整整一天，终于找到了这批枪支。为了将来之不易的枪支运回，他们又风餐露宿，昼伏夜行，将这批枪支送到游击队手上。

周墩独立营营长凌福顺，与闽北红军建立起密切联系，经常到建瓯一带活动。1936 年 2 月，凌福顺再一次赴建瓯。当时他有病在身，住在群众家里，一边看病，一边组织人马打土豪。4 月初，凌福顺单身潜回浦源村了解敌情，不料行踪被敌人发现。国民党福建保安五团调一个连兵力，扑到浦源村，凌福顺被捕。他被押到周墩城，在一户地主家的厅堂里受审。他被关押了 20 多天，面对种种酷刑，宁死不屈。4 月 25 日，敌人把凌福顺绑在十字架上，用 4 寸长铁钉钉住凌福顺手脚，把他身上的肌肉一块块割下。临断气前，凌福顺拼尽全力说："我凌福顺会绝代，革命永远不会绝代，要永远从红莫从白！”凌福顺被敌人凌迟了，享年 24 岁。

闽北、闽东红军领导人，在与敌人的残酷斗争中，为了壮大闽东北游击根据地，都想方设法积极发展游击队伍。

1936 年 9 月，黄立贵师长带着队伍，再次来到仙山地区。黄立贵恢复了富地、山峰、水竹洋等革命根据地，健全了根据地的党组织。萧茂有被派到水竹洋村，担任党支部书记。

9 月 10 日晚，叶飞率闽东独立师 300 多人，从长圿出发，经南湾、村头，到达路下乡附近，准备与黄立贵在屏瓯边再次会师。

11 日凌晨，闽东红军到达前凤林村时，“凤林村民团开枪袭击红军，红军在叶飞同志的指挥下，包围了该村，分兵两路发起冲锋，经过两小时激战，攻入该村。此战，毙敌 3 名，伤数名，俘 40 多名，经过教育释放 30 多名，抓走富户 4 名”。[①]

天亮时，他们又在路下村遭到国民党军队拦截。由于目标暴露，敌人力量强大，叶飞只好率军撤退。14 日，叶飞率闽东独立师这支队伍，“在洑下又击溃堵截之敌国民党八十七师朱营一个加强连，毙伤敌十多名，胜利地返回根据地”。

黄立贵这次进仙山，还将张春光的独立团调到屏南，“将其编为屏南独立团”。不久，张春光的参谋长被国民党安插的特务收买，率部哗变，队伍瓦解。张春光不知所终，据说死于内讧，终年 44 岁。

黄立贵还从闽北独立师中抽调出部分骨干，并发动当地青壮年参军，组建了一支闽东游击支队，“任命黄赞堂为支队长，隶属于闽北独立师（后属于政屏县委）”。[②] 叶飞也派闽东独立师第三纵队缪英

① 甘妙坚整理：《屏南县党史大事纪要（1919—1945.9）》，《屏南党史资料研究》1987 年第 1 期。

② 中共屏南县委党史研究室：《中国共产党屏南县历史第一卷（1919—1949）》，中共党史出版社，2014 年 10 月，第 76 页。

支队，共有七八十人，来到仙山，归闽东北特委指挥。

红军在闽东北地区的活动，引来国民党军队重兵“围剿”。在异常艰苦的游击生活环境中，不少突击发展入伍的新战士，经受不住艰苦环境的考验，开小差逃离部队。

闽赣省军政委员会政治部在发出的训令中，严厉批评了第一纵队：“红军是抗日先锋队，要扩大与巩固，像一纵队那样大消耗实是严重错误，今后必须实行有力的转变。对新战士不但给予政治教育，而且特别注意改善他们的生活。”①

闽北、闽东的肃反工作，因为闽浙临时省委个别领导人错误，出现了扩大化的问题。

闽东的肃反，是从1936年1月开始的。后来，闽浙边临时省委发生了扣押叶飞的“南阳事件”。

叶飞回忆：“后来，粟裕同志告诉我，当时是刘英命令他扣押我的，也不说明是什么原因。‘南阳事件’后，刘英单独召开了闽浙边临时省委紧急会议，宣布开除我和阮英平同志的党籍。同时说粟裕也参加了叶飞、黄道反对刘英的活动，也将粟裕同志隔离起来审查。‘南阳事件’导致了闽浙边临时省委的彻底分裂。此后，闽东特委接受闽赣临时省委的领导。”②

闽东特委清理“AB团”“改组派”的肃反运动，使闽东党组织和军队元气大伤。

范式人回忆：“党的元气受到很大的损伤，这是个教训。这中间少数叛变分子和反革命分子有勾结的人是有的，但不多。”③

闽北的肃反工作，自1932年以来，就一直没有间断过。进入游击

① 《闽赣省军政委员会政治部训令》，1937年3月7日。

② 叶飞：《叶飞回忆录》，解放军出版社，1988年11月，第76页。

③ 范式人：《回忆闽东党的斗争历史》，《福建党史资料》第3辑，1984年4月。

战争时期，由于军分区司令员李德胜叛变，使红军蒙受巨大损失，因此对叛徒行为恨之入骨。他们认为，在革命处于低潮的时期，这些叛徒败类，是红军队伍生存所受到的最严重威胁。

闽赣省委成立后，设立了专门的肃反委员会，来对付“豪绅地主富农流氓封建残余，组织反革命潜入革命队伍进行破坏革命响应白匪进攻”[①]的行为。

在南方的游击战争形势好转的时候，闽北的肃反工作又紧张了起来，而且，比闽东持续时间更长，损失更大。仅在仙山地区，“据不完全统计，屏南革命根据地被错杀的 AB 团和改组派共数十人”。[②]

闽北肃反扩大化的矛头，还直接指向了挺进师来的同志。

1935 年 9 月，由于浙西南的斗争环境恶化，活动在江山、龙泉一带的挺进师四纵队，为保存有生力量，在纵队长王德义（王裔三）带领下，撤到闽北。闽北分区委将他们留了下来，编为闽北独立师二纵队三支队，并任命王德义为二纵队队长。同时，使用不少挺进师干部担任二纵队的领导职务。

王德义“是北方人，大家都称他为‘老乡’。后来，他因环境艰苦，带着二支队队长跑了”。[③]二纵队二支队，是红五十八团的老底子，黄立贵曾带着这个支队，多次到闽东北地区活动。闽北肃反的矛头，指向了挺进师的同志。

第二纵队一支队队长陈仁洪回忆：“挺进师四纵队同志在黄立贵同志的率领下，与我们一起挺进到邵顺建苏区，在大半年的接触中，我感到这些同志思想和政治水平都比较高，他们当年在中央苏区受过

① 《闽赣省肃反委员会布告》，1936 年 7 月。

② 甘妙坚整理：《屏南县党史大事纪要（1919—1945.9）》，《屏南党史资料研究》1987 年第 1 期。

③ 中国人民解放军历史资料丛书编审委员会：《南方三年游击战争·闽北游击区》，解放军出版社，1993 年 8 月，第 248 页。

挺进师红军站哨的英姿

比较正规、系统的教育，后在方志敏、刘英、粟裕等同志的领导下，参加抗日先遣队，挺进赣东北、皖南，经历过无数次战斗的考验。他们留在闽北，战斗中无不英勇顽强。但是，由于部队建制联系上的原因，他们当中部分同志流露出对浙西南挺进师的回归思想。这按说是情理之中的事，无非是个教育引导问题。但在当时，都被视为'改组派''AB 团'的行为，结果挺进师四纵队过来的不少干部，先后遭到'残酷斗争，无情打击'。"[①]

牺牲永远是成功的代价。对于闽北红军的肃反扩大化，红军老干部王文波有着较为中肯的评价。他总结："根据后来的了解，被肃的不一定都是反革命，这里面有三种人：一种是阶级敌人，对苏维埃政权有仇恨，是真正的反革命分子，但不一定是'AB 团''改组派'；一种是受了欺骗的；再一种是完全冤枉的，被诬告参加了反革命组织，是反革命分子所陷害的好人……总的来看，在阶级斗争那样尖锐的情况下，没有坚决的肃反是不行的，内部潜伏的敌人总会乘机活动，而且和外部敌人相响应；何况当时整个苏区周围为白区包围着，如果不坚决肃清内部反革命是很难巩固的。但肃反偏重口供，不着重人证和物证，这是错误的。"[②]

① 陈仁洪：《从闽北到皖南》，福建人民出版社，1985 年 5 月，第 107 页。

② 王文波：《对闽北革命斗争情况的回忆》，《回忆闽浙赣皖苏区》，江西人民出版社，1983 年 12 月，第 444 页。

三年游击战争，是在异常艰苦复杂的环境中进行的，往往生死就在瞬间。刀刃向内，清除革命队伍中隐藏的败类，是纯洁革命队伍的需要，也是保证自身生存的需要。在异常紧张的条件下，一些风吹草动，导致了盲目的肃反运动，这是革命战争年代所付出的一笔高昂学费。

第十七章 “北和南剿”下的艰难岁月

1936年10月，国民党驻闽“绥靖”公署，由漳州迁至建瓯。11月，蒋介石在浙江设立“闽浙赣皖四省边区绥靖公署”，任命刘建绪为主任。同时，决定设立“闽浙赣皖边区主任公署驻瓯办事处”。驻闽“绥靖”公署主任蒋鼎文亲自坐镇建瓯，指挥“清剿”闽东北的红军游击队。

南方三年游击战争，到了最艰苦的阶段。

中共闽赣省委审时度势，决定撤销西南战区委员会。西南战区代理书记左丰美，调任闽东北军分区政治部主任、共青团闽东北特委书记。左丰美从地方刚调到正规部队，就遇到了一次战斗。

青年左丰美

左丰美与军分区司令员饶守坤，带领一纵队100多人，驻扎在建瓯富地村，帮助群众犁田插秧。这天上午，岭后村的“大麻子保长”詹传光急急忙忙跑来，向饶守坤报信：“敌军一个营已经从旧镇出来，看样子是要往这里来。”

国民党军队已调整了兵力部署，刘和鼎第五十六师离闽，宋天才第七十五师换防到建瓯。从古田旧镇开来的这个营，是宋天才师的一个营，换防后急于想立下战功。

战士们个个摩拳擦掌，要求战斗。饶守坤详细了解敌情后，说：“我们是要给宋天才的兵一点苦头，但不能硬拼，要打得巧妙。”他当即集合队伍，转移到后背山竹林里隐蔽起来。群众也纷纷跟着躲山逃避。

一个多钟头后，山下大路上出现了一长队敌军，沿着小溪直扑富地村。敌营长站在村头，拉着抓来的几名老人，跺着脚问："这里有没有红军，快说！"老人们摇着头，不约而同地说："红军早就不再来这里了。"

敌人挥着皮鞭，朝这几名老人没头没脸地抽打，见审讯不出什么，便在村子里东窜西窜，到处抢劫，村里的鸡鸭全被杀光。敌军架起锅来，开始烧中午饭。

隐藏在山上的群众，烧好了饭菜后，绕着小路，偷偷送到红军藏身的地方。

敌人吃罢午饭，没有发现红军的身影，便集合起来，向陈家山方向走去。红军队伍吃过午饭，悄悄集合起来，也离开富地，进入到岭后村。

岭后村，已是一片被劫后的疮痍景象：家家户户门窗被砸碎，鸡毛鸭毛随风飘舞，拿不走的猪、牛，都被宰杀，扔得四处都是。詹传光领着群众围着红军，他们眼圈红红的，咬牙切齿地说："国民党军队心真毒辣，你们一定不要放过他们，替我们报仇啊！"

饶守坤脸色铁青，好半晌，才点点头，手掌用力地挥下去："我们要狠狠地揍他们，替乡亲们报仇！"

晚上，他们聚在一间小屋子里研究作战计划。詹传光和几名村联防队员也参加了会议。他们分析：敌人下午去陈家山"搜剿"，扑空后，明天会从原路返回，他们没有发现红军踪影，一定会麻痹大意，是歼灭敌人的好机会。可是，红军只有一挺机枪，而敌人是一个整营，武器又好，这仗只能智取，并迅速结束战斗。

第二天天刚亮，红军吃过早饭，趁着浓雾未散，来到岭后不远的两侧大山上，埋伏起来。

10 点多钟，詹传光飞快地从山下大路上跑来，红军知道敌人已经出动了。约半个钟头后，敌人沿着山坑小溪走来，开始进入伏击圈。

待敌人走过去一个排，饶守坤看准机会，高声喊：“打！”红军的机枪、步枪一齐开火。敌人见中了埋伏，掉头就跑。饶守坤振臂一呼：“冲啊！”带着队伍直扑下山。

被封锁在山谷里的一排敌兵，慌作一团，有的举手投降，有的抱头鼠窜，企图顽抗的，很快就被消灭了。用了 20 多分钟，全歼敌人这一个排，缴获 2 挺机枪、20 多支步枪。

等敌人占据了几个制高点，开始向红军反击，饶守坤、左丰美带领战士，已迅速翻过几道山梁，转移到水竹洋了。

12 月 12 日，发生了震惊世界的“西安事变”。蒋介石迫于全国人民一致要求抗战的压力，表面上接受中共中央提出的“停止内战，共同抗日”主张，背后却实行“北和南剿”战略，对南方八省的红色游击区实行更加猖狂的进攻。

闽浙赣皖四省边区绥靖公署，陆续调集第三师、五十二师、七十五师、八十师和独立第六旅各一部，和第二、四、五保安团，共几万兵力，涌入闽东北地区。刘建绪下令：限令三个月内，肃清闽东北的红军游击队。

在敌人疯狂“围剿”下，闽东北红军接连失去两员大将。

先是三纵队政委叶全兴，在建瓯东游一带，遭国民党宋天才部伏击，在作战中身负重伤。几个月后，因缺医少药不治身亡。

不久，韩奏三率领三纵队七支队 100 多名红军，从下马溪根据地返回建松政，经过建瓯河岭、垄爬、鱼仔塘、宝坑一带时，遭到宋天才部拦截。双方在宝坑与河岭交界的甲头厂展开激战。韩奏三大腿根部受伤，后来感染，也在养伤的山洞里牺牲了。

红军游击队被迫转入深山，利用闽东北山深林密，利于隐蔽与回旋的特点，与敌人游击周旋。为了使部队藏得严密，他们在一些深山沟或悬崖的山洞里储存粮食，事先割些青草铺在地上，作为临时隐蔽地点。当敌人来搜山时，红军便藏在里面，任凭敌人在外面狂呼乱叫，都一概不予理睬。敌人一天不走，红军就一天不出来，坚决不与敌人硬拼。

最难对付的是敌人烧山。敌人知道山上藏着红军，便用重兵团团围住山脚，然后放火烧山。整个山林里，烈火熊熊，浓烟滚滚，呛得红军战士眼鼻肿痛，咳嗽不止。山沟里待不住，红军便钻出来，退到山腰。火烧到山腰，再退到山顶。山穷路尽，实在无处可退时，他们便也放火烧山，迅速烧出一块空场地。待敌人的大火烧上来时，便躲在这块空场地里。这样，敌人的火攻便失效了。

可是，红军穿的是草鞋。敌人烧山后，山上的葛藤、小树留下根茬子，特别坚硬，扎得战士无处下脚。有个战士叫左守泉，外号“铁脚板”。他从小没穿过鞋子，在行军作战中练就了一双铁脚板。赤脚走过火烧山，他仍旧健步如飞，像走平地一样。有人要送他草鞋，他坚决不要，笑嘻嘻对别人说：“我这双肉鞋子，比什么鞋都好，越走底越厚，永远穿不破。”

国民党在村寨里安插有密探。红军在一个地方待久了，敌人就会包抄上来。因此，红军经常在山林里转来转去，有时白天走百十里，晚上走七八十里。敌情紧张时，一夜换几个地方，连个囫囵觉都睡不成。

寒冬季节，闽东北山区，不是风，就是雨，有时还会下霜雪。晴天，游击队行军，部队在前面走，后面总是留下几个队员，一根根扶起被踏倒的青草。无法扶起时，便用携带的木头猪嘴，将这片草地拱翻，伪装成野猪拱过的样子。阴雨天，大家则在脚上再倒绑上一双草鞋，部队明明向东去了，背后却留下一行脚尖朝西的脚印。傍河行军，全队人一齐蹚水前进，敌人追着追着，痕迹便消失了。

老红军刘德高回忆，寒冷的天气里，红军经常露宿在山头。有一次，他们来到一个村子。这个村子是无人村。他们找了半天，找到一间有屋顶的烂房子。屋里有一张床，还有一床又黑又脏的破棉被。大家高兴极了，心想这下可以让饶团长睡个安稳觉了。谁知掀开棉被，里面竟露出具腐烂的尸体，尸体上爬满了白蛆，臭气熏天。后来，他们又在一处被烧塌的房子墙根下，扒出一块木板。将这块木板扛到溪水边，洗干净后，用石头架起来，让饶团长睡。其他人员，只能弄些树叶铺在大树底下，度过风雨交加之夜。[①]

行军是这样艰难，吃饭就更是难了。

烧饭时没有铁锅，他们想了个办法，用竹筒烧饭。把粗大的青竹子截成许多截，把节捣通，装上米和水，堵住口，埋在火里烧。当烧到竹筒快要爆裂时，把竹筒抽出，敲开来吃。后来，他们又发明了用毛巾烧饭，就是用湿毛巾裹上一层泥，放到火上烧。外边的泥烧干了，里面的米也八九成熟了，凑合着吃。

为了防止敌人的暗探看见炊烟，红军战士都是天不亮就生火做饭。吃罢早饭，再装一些在茶缸里，留做午餐。一次，他们刚做好早饭，正准备吃，哨兵突然发现敌人围了上来，鸣枪报警。大家背着刚从火里扒出来的竹筒，边打边退，有的脊背上烫出许多血泡，有的怕竹筒丢掉可惜，急忙把饭吞下肚去，结果烫得嘴里褪下一层皮。

所谓的饭，最困难的时候，只能就地取材，采来野菜，在开水里烫一下。有时在敌人的封锁中，还只能嚼生笋野草充饥，不少人肠胃疼痛。

饶守坤回忆：“有一段时间，我们吃穿无着，到了实在无法忍受的地步，我们不得不贸然出击，搞一点东西回来。”

那是一个大雪飞扬的天气。黎明前，他带着十多个人从山上下来。大家空着肚子，来到富地、岭后、水竹洋、山峰等山村。每个村都是断壁残垣，破屋烂瓦和没有烧尽的梁柱椽檩，一派凄惨景象。好不容易，他们搞到一点粮食，接着往山上转移。尽管他们用树枝将雪地上的脚

① 中国人民解放军历史资料丛书编审委员会：《南方三年游击战争·闽北游击区》，解放军出版社，1993年8月，第306页。

印扫掉，狡猾的敌人还是寻到了他们的行踪。

上午大约9点钟，饶守坤带着这十多名红军正在山坳里一家农舍厅堂里烤火做饭，被敌人一下子包围了。七八个敌人冲进屋子，用枪对准了他们，喊："赶快缴枪！"

那时，红军身上除了背着枪，还背着米和银圆。饶守坤暗示了一下周围的战士，大家解下枪和银圆，放到地上。敌人的眼睛直勾勾看着银圆，纷纷过来抢地上的钱袋。饶守坤看准时机，大喊一声："冲出去！"战士们有的捡起枪打，有的抄起板凳砸，顺势冲出屋外。屋外的敌兵还没反应过来，被接连撂倒几个。然后，大家拼命朝山上跑去。

一名入伍不久，被称作"小个子"的战士，背着从敌人手里夺回的米袋，落在后面。敌人一串子弹将他打倒了，但他仍背着米袋往前爬。饶守坤带一名战士冲回去，背着他往山里撤去。到宿营地时，"小个子"奄奄一息，鲜血从胸口流出，把米袋染红了一片。他静静地躺在地上，一边紧紧抱着米袋，一边用微弱的声音说："有米了，有米了。"说完，就微笑着闭上了眼睛。

大家挖一个土坑，将小个子战士埋葬。守着这袋米，大家热泪盈眶。

在这样艰苦卓绝的环境里，这支红军部队，很快从1000多人锐减到300多人，部队连排的建制也难以维持了。

面对敌人的封锁围困，伤病员无法得到医治。王助和饶守坤只好找些隐蔽的山洞，或者临时搭个草棚，将他们这里放两个，那里放三个，给伤病员留下点野菜，丢下几根火柴，让他们自己与饥饿和病魔做斗争。当敌情稍缓和的时候，王助、饶守坤等干部，便割点干草，带上兽肉和野菜到处转转，看望那些在艰难中挣扎的伤病员。

王助从小生长在福州城，父亲是海军军官，曾任福建省参议员。但他从小同情穷苦百姓。王助高度近视，戴一副眼镜，夜间行走非常困难。王助对干部们说："越是艰难的时候，我们领导干部越要关心体贴每一个战士，每一个战士都是党的一粒种子啊！"每到一地，王助都对伤病员嘘寒问暖，与他们促膝谈心，鼓舞他们战斗的勇气与信心。

闽北独立师代政委曾镜冰，那时也在闽东北。他也是知识分子干部，豁达大度，平易近人。有一次，他们在敌人围困下，已一天没有吃上东西了。曾镜冰好不容易从山上挖来一把野菜，煮熟后端给饶守坤。他说：“老饶，你是指挥员，保重身体要紧。”饶守坤再三推让，曾镜冰用真诚的眼神看着他说：“吃啊，你快吃啊！”

筚路蓝缕，以启山林。红军，从诞生起就是一支人民的军队，打天下的目的，就是为了中国人民与中华民族的利益。在游击根据地里，红军与人民群众，是生死相依、患难与共的关系。现在，敌人将红军与人民群众用封锁线隔绝了，红军不能见到群众。只有找到地方党组织，架通红军与人民群众赖以生存的桥梁，红军游击队才能够在可靠群众的帮助下，克服任何困难，从而无往而不胜。王助与饶守坤想尽一切办法，取得和群众的联系，争取得到群众支援。

敌人为了“清剿”红军游击队，在仙山地区的每个村子里，都驻有部队。一次，饶守坤带领战士在深夜里出去，悄悄回到了建瓯的一户基本群众家里，找到了“一个很坚强的老人”。根据饶守坤所描绘的特征，这位老人就是原在大坂山顶的萧茂忠、应桂香和萧茂有烈士的父亲萧荣贻。

大坂厂交通站被破坏后，萧荣贻被捕坐牢，被敌人折磨了大半年时间，但他什么也没说。放回后，古田老家和大坂厂的房子，都已被焚毁，他继续住在峡头村。

饶守坤回忆：“过去我们经常在他家里活动，我们到达时，由于长时间没有理发，胡子也长了，老人险些认不出我们了。他攥着我们的手，像见到了久经磨难、久别重逢的亲人一样，泪水止不住往下流。老人取出了一份记着附近一带党员和基本群众的名单，郑重地交给我们。在艰难的斗争中，地方党和群众是我们唯一能够生存下去的条件，是我们的再生父母。正是通过这份名单，我们很快找到了失掉联系的党员和群众，他们为我们提供了巨大的帮助，为我们坚持斗争起到了很大作用。事后我们才得知，为了这份名单，老人的几个亲人都被杀掉了。”①

红军游击队与仙山地区的秘密党员和基本群众联系上了。地下党员组织人民群众，你省一把米，他省几粒盐，积攒起来，千方百计瞒过敌人检查，送给山上的红军游击队。红军游击队的一些伤病员，也由他们秘密带下山，暗中藏到可靠的群众家里，养伤治疗。

这天，地下党送来一份情报：敌人一支运输队，从古田凤都运送一批弹药和粮食到迪口。

饶守坤带着两个连，急行军 80 里，赶到离迪口 30 里的小溪（新店）设伏。第二天上午，敌人果然来了，有两个连护送，运输队夹在中间。两个连对两个连，力量相当。红军采取了丢头去尾打中间的战术。瞅准敌先头部队过去之机，猛扑运输队，夺取了敌人部分枪支弹药和粮食。待前后敌人展开反击时，红军已撤出战斗，进入了山林。

红军与民主进步人士的关系也接上了。

在古田西溪村，笔者采访了卢成光的儿媳谢赛英、嫡长孙卢祖英。他们已是 90 多岁的老人，都依稀记得当年卢成光支持红军游击队的往事。

游击战争中，红军最缺的是食盐与子弹。卢成光在西溪开了间百货商行，专门建了个贮盐木仓，存放从沿海运来的食盐。他还几次设法弄来子弹，每次都是由何招妹领着卢亨俊，趁着深夜挑到钱岭连公店，送给王助领导的红军游击队手上。

一次，敌人放火烧山。一支红军游击队，偷偷住进卢成光的家。

① 中国人民解放军历史资料丛书编审委员会：《南方三年游击战争·闽北游击区》，解放军出版社，1993 年 8 月，第 300 页。

隔壁的房子里，住着国民党一连保安兵。夜里，红军悄悄向保安兵住的房子包抄过来，准备将其消灭。结果，一个起夜的保安兵发觉了，穿着个裤衩，喊叫着去搬救兵。红军发现情况有变，放弃行动计划，立即转移走了。

1937年三四月份的一个深夜，卢成光与何召妹、卢亨俊一起，去与红军游击队接头。由于天黑路滑，卢亨俊点上火把，举着照明。国民党伏兵看到火把，追了上来，在上坑附近向他们射击。

西溪村103岁的老人何先俤回忆：那天夜里，上坑村那边枪声大作。国民党保安团抓到了卢亨俊，但没有抓到卢成光。听说卢成光在云梯村岳父家藏了几天，准备要跟着红军走了，结果在旧镇被国民党抓住。

敌人押着卢成光，从旧镇走到凤埔村水尾。卢成光知道必死无疑，看到一个放牛娃衣着单薄，便将身上的羊毛衫脱下来，送给放牛娃，请他到西溪村报个信，让家里人来收尸，说：“这件羊毛衫，就算给你的工钱。”

闽北枭雄、爱国民主人士卢成光，被他曾任职团长的国民党保安五团枪杀了，终年48岁。

第十八章　撤离闽东北改编新四军

1937年2月，吴华友从香港的新生书店，得到了《八一宣言》《民主共和国决议》《红军东征宣言》等重要文件。他将这些文件连同向闽赣省委汇报完成任务情况的报告，一起邮寄给古田的卢灿光，转交闽赣省委。6月间，吴华友接到闽赣省委通知，即返回福州，“原来接头的卢灿光没有来，我见到的是一个素不相识的年轻人”。[①]随即，吴华友在福州被捕了。

吴华友寄来的重要文件，是怎样转交给省委的？三四月份卢成光与红军游击队的那次接头，绝非偶然。

闽北独立师政委曾镜冰正在闽东北。4月底的一天深夜，曾镜冰、饶守坤率领百余名红军战士，离开闽东北。他们从九仙山出发，经迪口，渡过建溪，绕道邵顺建地区，到达了闽北。但是，省委在敌人重兵“搜剿”下，已经转移了。他们不断派人出去打听省委和黄道书记的下落。派出去的人，在敌人严密封锁下，有的被抓住杀害了，有的几经转折让人捎来个回信，说只知道省委和黄道还在，但是不知道转移到什么地方去了，无法取得联系。

怎样才能找到省委和黄道书记呢？曾镜冰、饶守坤把大家集中起来，研究找到省委的办法。大家你一言、我一语，说出自己的想法，但一个接一个都被否定了。曾镜冰说，每个人都把自己在老区的关系

① 吴华友：《千里送文件》，革命回忆录丛刊《风展红旗》第1辑，福建人民出版社，1982年9月，第204页。

提供出来，在我们的“红属”和基本群众中，一定会有人同省委有联系的，然后再派人去找。大家按照曾镜冰的要求，说出自己在老区的关系。之后，饶守坤派一名干部偷偷下山，潜入老根据地，找到了过去一个乡苏维埃主席。这个乡苏维埃主席的儿子在闽北独立师当军医。敌人把他抓进牢房，后来通过关系保释出来。出狱后，这个乡苏维埃主席仍坚持为党工作，同省委保持联系。

通过这个乡苏维埃主席，曾镜冰和饶守坤了解到，省委为了避免遭到敌人破坏，在四五月间已秘密搬迁到邵武、建阳、光泽 3 县交界的猪母岗。他们立即带领队伍，日夜兼程，一路行军打仗，历尽千辛万苦，终于在七八月间的一天早晨，在猪母岗找到省委，找到了黄道书记。

晚上，在一间草棚里，黄道与饶守坤彻夜交谈。饶守坤详细汇报了闽东北游击战争开展的情况。黄道向他介绍了当前的斗争形势。

年初时，黄道就从一张包盐的旧报纸上，得知了发生西安事变的消息。黄道敏锐地意识到，中国的局势正在发生急骤变化。为了进一步弄清形势，他指示游击队，抓来一个土豪，也不索要赎金，只要求他为红军订两份《民国日报》和《闽报》，定期寄来，以研究形势的发展变化。

黄道动情地对饶守坤说：“黄立贵、吴先喜同志都已牺牲了，省委决定把你留下来，和省委一起，为国共和谈和部队整编做一些准备工作。”

省委根据吴华友从香港寄回的党中央《八一宣言》《民主共和国决议》《红军东征宣言》等重要文件，果断决定，取消苏维埃政府，成立闽赣省抗日军政委员会，通过“快邮快电”，向江西、福建两省国民党当局，发出“停止内战，联合抗日”主张，表达国难当头、捐弃前嫌、联合抗日的意愿。经光泽县（当时归江西省）扫帚尾区委书记蔡诗山联络，闽北红军开始与江西省当局进行国共和谈。

9 月 24 日，黄道从国民党报纸上看到叶剑英代表八路军在南京设立办事处的消息，他与曾镜冰致书叶剑英，就抗日合作问题请示党中央。不久，叶剑英回电黄道。至此，闽北红军与中央中断3年之久的联系得以恢复。

9月底，黄知真、邱子明、曾镜冰，在光泽县的大洲村，与国民党方面的代表周中城、高楚衡举行谈判，初步达成停止军事行动的协议，红军游击队改名为闽赣边抗日义勇军。

饶守坤带着100多人去找省委后，闽东北特委机关和警卫队30多人，在王助、左丰美带领下，隐蔽在主峰九仙山顶棋盘山、九仙洞一带。山下的岭头、陈家山等村庄都驻有敌人，红军在山顶上住了一个多月。

有一天下雨，陈家山党支部书记吴若原，背着大米和腌菜上山。他对王助说："下雨山上不好睡，到坂坑的山厂去住一晚。那里只有一户人家，周围都是大山，很隐蔽。"

王助不知道，吴若原的老婆被敌人抓去后，吴若原已经叛变。大家跟着他，在雨夜里深一脚浅一脚，走了20多里山路，来到坂坑的山厂里。坂坑山厂坐落在陈家山与岭头村之间，果然只住着一户人家，四周荒无人烟。坂坑山厂的房屋不大，仅有前后两室，四面是干打垒的土墙。顶上有个简易阁楼，一架竹梯靠在一旁。

钟大湖是特委警卫队队长，他回忆了这次历险的经过：

> 我照例要在营地周围布置警戒哨。因为天黑，看不清四周情况，我只好问吴若原附近有几条山路。他指着近处的一条山道说，这儿可以放个哨，又指着屋旁的山坡说，那儿也可以布个哨。我照他说的布置了岗哨后，进屋转了转……我迷糊了一阵便醒了过来，见炊事员刚起来做饭，吴若原也在当帮手，我估摸大约二三更天了。到了四更，部队便都起来了，大家吃过饭准备转移，但是天还未亮，周围又是蒙蒙大雾，便想等到天稍亮后再行动。

这时，我突然发现吴若原不见了，我们还在等着他带路呢，他跑到哪儿去了呢？我便走出屋外，在附近寻找，仍不见他的踪影。我立时警觉起来，赶忙回到屋里，在前室饭桌前坐下，正要向王助同志汇报这事，突然门外“砰”的一声枪响，一颗子弹向屋里射来，打在饭桌前的泥地上。“不好，敌人来了！”一个念头在我脑子里闪过。我立即飞起一脚，踢翻了饭桌，桌上的一根蜡烛灭了，顿时屋子里漆黑一团。有些同志想往外冲，但门口已被敌人的火力封锁住了。左丰美同志闪到门边，拿起短枪朝门外猛打一阵，趁机带着几名战士冲了出去。其他同志还未跟出，一批敌人又堵住了房门口，有的还冲进来与我们战士扭打一团。这时谁也看不清谁，枪不敢打，只能当作棍棒用，情况十分危急。当时，我心里只有一个念头：一定要保护特委领导同志的安全。王助同志的眼睛深度近视，在夜里几乎看不见东西。在一片混乱中我喊过几个战士，集中火力朝门口射击，趁敌人慌乱时，让几个战士拥着王助猛冲出去。不等敌人反扑上来，王助同志等已在大雾掩护下冲进了屋后不远处的密林里。经过两次冲击，特委机关的同志和警卫人员已大部冲出，我又回身想找一找黑屋里还有没有自己人。谁知就在这当口，大批敌人又涌上来堵住门口。我身上背着两支驳壳枪和一支花机枪。花机枪的子弹在掩护王助同志时打光了。我便抽出驳壳枪带几个战士朝门口边打边冲，刚冲到门槛边，一个硬东西猛击在我头上，一下把我打昏了，我身不由己地靠着墙瘫倒在门后面，但很快又叫人撞醒了，睁开眼只见面前黑乎乎的人影在晃动着，地上还躺着几个人，只见有几个敌人正从门口冲了进来。我忙摸起枪朝黑影一扣扳机，子弹没了！我急忙浑身上下摸子弹，猛地，想起背上还背着一支驳壳枪，便赶忙抽出来，一跃而起，朝门口的黑影一连打了几枪，门外的敌人哄乱了起来。有人喊：“队副被打死了！队副被打死了！”屋里的敌人也慌忙往外跑。

这时，天色渐明，我发现屋里还有3位同志，忙招呼他们上阁楼。原来的竹梯不知哪儿去了，我摸到一条凳子站上去，伸手抓住横梁，翻身攀上去，然后再把下面的3个同志拉了上来。敌人这时又冲进屋里，吵吵嚷嚷地喊“捉活的”。我忙扒开屋顶的稻草，带着3个同志跳到屋后山坡上，往山里冲去，终于突出了重围，化险为夷，跟其他同志胜利会合了。①

由于吴若原叛变，九仙山周围的地方也站不住脚了。王助、左丰美决定，率领队伍转到建松政地区去。

他们走到建瓯川石附近的山岗，碰到了林熙明的大刀会。在山岗休息一两天后，林熙明说要派队伍送王助、左丰美他们过松溪河。

林熙明的队伍不叫连、排，叫机长（即连长的意思）。林熙明派一个机长带50多人去送行。当时，特委机关和警卫队武器多，每人都背着两支枪。快到溪口附近时，王助请他们回去。可是不多久，发现这伙人又从背后悄悄追上来。王助、左丰美估计他们是看上了游击队的武器，命令队伍撤上山去。

接着，队伍转到川石村后面河边，找到两只渡船。

当时没有撑船人，也没有竹篙。他们在一个草篷里，找到两根晾晒衣服的竹竿，便自己勉强撑船过河。

左丰美乘坐的那只渡船，撑到河中间，竹竿撑断了。他们只好让船顺水漂流。漂了二三里，才靠到对岸。他们抓住河岸边树枝，让船泊住。上岸后，两船人马又相聚在一起，奔向建松政老根据地。

在那里，他们找到了第三纵队八、九支队。王助、左丰美带着这

① 钟大湖：《浴血奋斗的岁月》，革命回忆录丛书《风展红旗》第5册，福建人民出版社，1985年10月，第42页。

两支部队200多人，回崇安去找省委。几经周折，在靠光泽一侧的猪母岗森林里，找到了省委机关。

10月2日，中共中央为了争取抗日合法地位，通过与国民党当局反复谈判，达成将湘、赣、闽、粤、浙、鄂、豫、皖八省15个边区的红军游击队，改编为国民革命军陆军新编第四军的协议。

项英、陈毅在南昌，已与国民党江西省政府达成合作抗日协议。项英写信给浙西南游击区领导人刘英，要求他们尽快与当地驻军谈判，改编队伍向南昌集中。刘英收到信件时，浙西南游击区已在八路军南京办事处指导下，完成了与浙江当局的国共谈判。刘英派政治交通员程朝茂，带着一个班红军，越过浦城富岭，来到建松政地区，以张贴抗日标语和布告的办法，找到了建松政中心县委。

黄道看到转来的项英来信，立即派曾昭铭到南昌，接受项英、陈毅的指示。项英指示，闽赣省委通知各游击队立即下山，在崇安县大安集中。

大洲谈判是闽北红军与国民党江西省当局进行的。谈判后，福建当局仍包围着闽北各游击区，对游击区的军民进行袭扰、破坏，崇安至分水关一带的国民党驻军，迟迟不肯撤退。

黄道分析了形势，决定以打促谈，对福建与江西铅山的国民党军反击。在饶守坤、王助、左丰美、马长炎指挥下，闽北红军集中第三、六纵队联合行动，一天之内三战三捷，连续拔除了邵武二都桥、建阳响古村、杜潭村8个民团据点，消灭其2个连的兵力。汪林兴率第一分区游击队，也攻克铅山县石塘镇，烧毁炮楼，击溃民团1个分队、保安队1个连。两次自卫反击战，震惊了国民党福建当局，迫使他们下令取消军事封锁，停止对闽北游击队的进攻。

王助、饶守坤、左丰美率红军游击队，护送闽赣省委回到长涧源。省委决定，左丰美带领一支100人左右的队伍，重回仙山地区活动。左丰美带着这支部队，又回到富地、山峰、水竹洋一带，开展抗日救亡宣传活动。他将部队驻扎在岭头村，以“抗日救国军”名义，致函各乡村，号召不分阶级，团结起来，共同抗日。

石塘，是江西省铅山县的一个乡镇，也是闽北老苏区的一个重要集镇。从 10 月下旬到 12 月中旬的这段时间内，坚持战斗在闽赣大山中的各路红军游击队，陆续下山赴石塘镇集中。

闽北红军集结于石塘时，只有近 800 人，其中始终坚持三年游击战争的 200 多人。黄道颤抖着双手，坚持给每一位坚持三年游击战争的同志，分别发了一枚银质的“闽浙赣边区坚持斗争纪念章”。

这 3 年来是多么的不易呀！这群筚路蓝缕的游击健儿，失去了与党中央的联系，像孤儿一样游荡在深山密林中，时刻面临着饥饿、寒冷、伤痛、死亡。多少亲爱的战友面容消失了，多少日夜相处的部下不见了，5000 多人的队伍，仅剩下这么点人，他怎么能不动容呢！

闽赣省委组织干部在闽赣边，下乡宣传抗日救国，掀起扩军运动。到年底，部队迅速扩大到 1300 多人。武器不够，他们组织人员上山，把当年打游击时埋藏的枪支挖出来，共挖出 4 挺重机枪，10 挺轻机枪，2 门八二迫击炮，部分步枪。这些枪械经修械所修理好后发给大家。但仍不够用，又赶制了大刀和梭镖。

春节前夕，新四军第三支队司令员张云逸由南昌来石塘筹建三支队机关，从闽北抽调部分干部到支队司政机关工作。中央也派来余光茂、桂蓬洲、阙中一、严昌荣等几名干部，参加五团的工作。张云逸还代表新四军军部，向坚持三年游击战争的闽北党和红军表示敬意，发表了热情洋溢的讲话，鼓励大家保持和发扬红军的优良传统，北上打击日本侵略者。

在闽东，叶飞领导的闽东特委与福建当局实现了国共和谈。闽东独立师 1300 多名指战员，从闽东各地，分批来到屏南县棠口集训，待命北上抗日。师部驻在棠口基督教圣公会的姑娘厝，一营驻潘美顾医院和淑华女子学校，二营和修械所驻雨盖操场和堂口后宅垄村民房，三营驻棠口基督教圣公会教堂。

开国上将叶飞

春节前，新四军政治部组织部部长李子芳，来到棠口，与叶飞一起，将闽东红军改编为新四军第三支队六团，团队长叶飞，副团队长（相当于政委）阮英平。六团共集结1300人，编为3个营9个连，一营营长陈挺，二营营长沈冠国，三营营长黄培松。为了便于与南昌军部联系，部分部队移驻旧县城双溪镇。

1938年2月24日，叶飞率领新四军第六团，从屏南出发，北上皖南抗日前线。

受中共中央东南分局委托，黄道在石塘镇召集营以上干部举行就职典礼，宣布新四军军部命令：闽北红军改编为新四军第三支队五团，团队长饶守坤，副团队长曾昭铭（相当于政委），参谋长杨元三，政治处主任刘文学。五团下辖3个营和1个机炮连，一营营长严昌荣、副营长桂蓬洲，二营营长陈仁洪、副营长马长炎，三营营长周汝春、副营长阙中一。

饶守坤回忆：“1938年2月25日，新四军5团北上抗日誓师大会在石塘河滩上召开。指战员们排着整齐的队伍，唱着《义勇军进行曲》，雄赳赳地走进会场。整个会场上人山人海，鞭炮齐鸣，锣鼓喧天。我激动地登上讲台向闽北乡亲告别：‘同志们，父老兄弟姐妹们，几个月来我们在各界朋友和父老乡亲们的支持下，完成了部队的整编。今天我们就要离开这里，开赴抗日前线了，我们一定狠狠地打击日本侵略者，驱逐日军出中国。不打倒日本侵略者，我们决不回来见家乡的父老兄弟姐妹们！’会后，杨元三参谋长宣布：‘部队出发！’会场上又响起了震天的锣鼓声和鞭炮声，四乡赶来欢送的群众拥在街道两

开国中将饶守坤

旁，人声鼎沸，口号此起彼伏。许多老人和妇女含着热泪，端着茶水，拿着鸡蛋，硬往战士们的手里塞：‘再喝一口吧，家乡的水……’我率领着部队迎着亲人们热切的眼光，告别了家乡，告别了亲人，踏上奔赴抗日前线的征途。”①

石塘整编时，左丰美带领的100多名红军，留在仙山地区活动。左丰美回忆：“交通不便，信息不灵，红军游击队改编为新四军的消息，我们不知道。当我接到通知后，即率队日夜兼程赶回崇安的长涧源，见到了曾镜冰。他说：‘闽北红军改编为新四军已经开赴前线了，你们没有赶上。’于是我们奉命在长涧源休整，将五团出发时一些痊愈了的伤员与我率领的红军游击队整编为一个连，共160多人，连长江信水，指导员钟大湖。我们在长涧源一边进行形势教育和军事训练，一边做好北上必要的物资准备。那时红军游击队的服装不整齐，有的穿军装，有的穿便衣，而且都很破旧。我们到崇安县城买了军衣，给全体指战员换了军装。”②

过了大约一个月，团部派吴德初带着新四军军部的介绍信来到长涧源。曾镜冰让左丰美留下来，担任闽浙赣特委青年部长，并指派他把部队送到江西横峰。左丰美将一同在闽东北坚持游击战争的亲密战友送上了火车，看着车窗里伸出的手臂，摇晃着越来越远。

左丰美送走的这个连，编入新四军三支队五团。“皖南事变”中，五团为保卫新四军军部，成为“绝命后卫团”，全团幸存者只有几十人。左丰美送走的这个连，幸存者只剩钟大湖一人。

① 饶守坤：《石塘整编》，1987年。

② 左丰美：《送战友赴抗日前线》，《福建党史月刊》1998年第2期。

左丰美送走战友后，返回闽北。不久，闽浙赣特委、闽东特委联合成立中共福建省委，左丰美担任省委军事部长。他率领秘密留下来的少量武装，跟随省委书记曾镜冰南征北战，坚持在闽浙赣边区建立南方革命的战略支点。

左丰美回忆："而建瓯、古田、屏南这些地区，由于未留一点武装，工作垮了一段时间。"[①] 直到抗日战争后期，福建省委派刘捷生、杨兰珍等人到屏古瓯恢复党的组织，萧荣贻、萧茂有、萧长春祖孙三人，重修"萧家老屋"，这里又成为闽浙赣地下党、游击队的交通站。1947 年 7 月，萧长春（化名肖阿俤）到建瓯榧村大圣庙送情报时遭逮捕，国民党建瓯县保安队将他杀害于秋竹坪村。次年 11 月，萧茂有担任水竹洋村党支部书记时被捕英勇牺牲。萧荣贻躲避国民党军队追捕，病逝于藏身的窑洞中。

中共闽东北特委、闽东北军分区驻地萧家"一家五口人"，在战争年代全部牺牲。

本书作者瞻仰闽东北特委、军分区纪念碑

① 左丰美：《闽北革命斗争的回忆》，《党史教学与研究》1982 年第 10 期。

参考文献

1. 中国人民解放军历史资料丛书编审委员会 . 南方三年游击战争·闽北游击区［M］. 北京：解放军出版社 .1993.

2. 中国人民解放军历史资料丛书编审委员会 . 南方三年游击战争·闽东游击区［M］. 北京：解放军出版社 1993.

3. 王盛泽、毛立红 . 福建三年游击战争史［M］. 福州：福建人民出版社 .2020.

4. 中共福建省委党史研究室 . 中共福建地方史［M］. 北京：中央文献出版社 .1993.

5. 方志敏、邵式平等 . 回忆闽浙赣皖苏区［M］. 南昌：江西人民出版社 .1983.

6. 福建省闽浙赣边区史编写组 . 中共闽浙赣边区史［M］. 厦门：厦门大学出版社 .1993.

7. 刘勉钰、毛智勇主编 . 黄道文集［M］. 南昌：江西人民出版社 .2017.

8. 罗鲁安主编 . 罗炳辉文集［M］. 北京：中共党史出版社 .2006.

9. 饶守坤 . 饶守坤回忆文集［M］. 北京：中共党史出版社 .1993.

10. 粟裕 . 粟裕战争回忆录［M］. 北京：解放军出版社 .1988.

11. 叶飞 . 叶飞回忆录［M］. 北京：解放军出版社 .1988.

12. 陈仁洪 . 从闽北到皖南［M］. 福州：福建人民出版社 .1992.

13. 张珠珍 . 左丰美在闽浙赣边区［M］. 福州：福建人民出版社 .1995.

14. 罡风 . 红军虎将黄立贵［M］. 福州：海峡文艺出版社 .2020.

15. 中共福州市马尾区委党史和地方志研究室编 . 王助传［M］. 福州：海峡文艺出版社 .2021.

16. 林建明主编、薛宗耀执笔 . 中国工农红军北上抗日先遣队在福建［M］. 北京：中共党史出版社 .2019.

17. 中共南平地委党史研究史 . 闽北革命史［M］. 北京：人民出版社 .1992.

18. 中共建阳地委党史办公室、建阳地区文化局编 . 战斗在闽北 .1983.

19. 中共屏南县委党史研究室 . 中国共产党屏南历史 . 第一卷［M］. 北京：中央党史出版社 .2014.

20. 政协屏南县委员会 . 永远的丰碑——新四军在屏南［A］.（宁）新出（2012）内书第 59 号 .

21. 范世尧主编 . 古田县人民革命史［M］. 北京：中央文献出版社 .2003.

22. 中共建瓯市委、建瓯市人民政府 . 建瓯市申报中央苏区县请求报告及附件材料［R］.2012.

23. 叶相唐主编 . 政和革命史 . 南新出内部书报刊第 97074 号 .

后　记

40年多前，我就来到闽北开始军旅生活，5年多前，我应邀参加在“中共闽浙赣边区革命纪念碑”前组织的一次活动，第一次知道闽北曾有红军队伍，闽北苏区还是福建第二块革命根据地。这引发了我极大的兴趣。

之后，在爱人萧春红的婶婶居住的建瓯市玉山镇，我发现了记述爱人的爷爷“萧老虎”夫妇当闽北红军交通员牺牲的资料，又一次震惊了。与爱人相识后，她经常念叨爷爷、奶奶当地下党交通员被国民党反动派杀害的往事，我没想到自己的亲人居然与闽北红军有关联。而且，“萧老虎”夫妇的革命地仙山牧场，又恰是中共闽东北特委、闽东北军分区驻地。

是什么原因，让这段历史沉寂于人海？在一种神圣使命的感召下，我跨界业余研究起了中共闽浙赣边区革命的历史。

福建省闽浙赣边区革命史研究会的成员，多为革命先辈的后代，还有数名健在的革命老前辈。研究会经常组织走访革命遗址、纪念革命先烈的活动，通过这些活动，我一下子融进这段历史之中。左平、萧新华、郑丁毅、刘跃进、叶军彪、潘卫星等人，为我的研究提供了大量无私的帮助。

两年前，我决定写作本书。爱人自觉当起我的驾驶员及秘书。听说哪里有采访线索，她整理行李，我收拾采访包，立即出发，奔驰而去，挖掘与整理第一手的材料。其间，很多素昧平生的同志，如屏南县委党史方志办曲靖、县档案馆张尚瑶、县委党校李家钒、路下乡党委书记陈家宠、上圪村书记吴道干、山峰村村主任吴仁财、乡贤卢祖猛、叶久义，古田县委党校郭祥回、县公安局森林分局魏丽梅、地方志专家林兴华、横坑村书记吴茂虹、西溪村书记戴丽凤，建瓯中共闽北临委纪念馆沙无泞大姐、玉山镇办公室原主任张志超，省档案馆吴永宁、省志愿者协会游立华、省派驻村干部黄伟等人，给予了热情的支持与帮助。本人工作单位福建省人力资源社会保障厅的领导和同事，也提供各种便利条件，支持我开展党史研究与创作。

书稿完成后，省委党史方志办王盛泽副主任、毛立红博士及方雯、胡自浩同志，从党史史实等方面，对书稿进行了认真审读，在充分肯定本书价值的同时，提出许多修改完善的宝贵意见。在此深表谢忱！

由于学疏才浅，加之资料所限，本书失误与欠缺之处在所难免，敬请读者和专家们批评指正。本书旨在抛砖引玉，期待专家学者对红色闽东北的革命历史做更深入的研究，推出更多的精品力作。

杨光伟

2024 年 1 月于福州